メディアは「貧困」をどう伝えたか

現場からの証言：年越し派遣村からコロナショックまで

水島宏明／著

証言者
湯浅　誠
東海林智
清野賢司
藤田孝典
奥田雅治
稲葉　剛
小林美穂子
栗林知絵子
渡辺寛人
谷口歩実
福田和代
市野　凜
大西　連
瀬戸大作

同時代社

まえがき

「いまの日本で貧困が広がっている」

「いや格差はあるかもしれないが、それは自己責任だ。貧困などこの日本には存在しない」

2000年を過ぎた頃から、ずっと言われてきた論争である。

はたして日本に、貧困はあるのか。ないのか。

貧困は、社会的な偏見や差別とも絡み合うため、中流意識が長いこと続いてきて、同調圧力が強い日本社会では、なかなか目に見えるかたちでメディアには登場しなかった。

高度成長期以降で、日本での貧困の広がりがはっきりとした映像として可視化された場面が2度あったように思う。

2008年末の「年越し派遣村」で食料配付の列に並んだ人々の姿。

2020年以降のコロナ禍で食料配付の列に並ぶ人々の姿。

どちらもテレビのニュースで映し出された。

コロナ禍が続く2022年。「貧困がない」と強弁する人はいなくなったようにみえる。

だが、テレビをはじめ、メディアで「貧困」はその実相をありのままに映し出されているのか。

インターネットの急伸で、メディアの主役はテレビからネットに移行しつつあるなか、「貧困」

についての報道はきちんとされているのだろうか。
この疑問がこの本の原点である。

筆者は、2008~9年の年末年始の「年越し派遣村」が象徴するリーマンショックの前後の時期、テレビ報道の担い手の一人として貧困をめぐる報道に関わった。その後、大学に籍を置く研究者になったが、十数年の時を経て、今度はコロナショックと呼ばれる日本社会の困窮期を目の当たりにしている。2つの大きな経済的な不況期を比較するかたちでメディアの貧困報道の系譜を縦覧してみようという問題意識から出発したのが本書である。

日本では戦後の高度成長期を経て、「貧困」は多くの国民にとって意識の外に置かれるようになり、貧困の存在は、長いこと「忘れられて」いた。大半の人たちが自分は「中流」に属するという意識を持つなかで、メディアの多くが貧困は発展途上国など国外の問題であって、日本国内では「ない」ものとして扱ってきたのだ。

それが2006年、7年頃から、日本社会にも「貧困」が広がっているとの指摘が社会保障の専門家や困窮者の支援活動をする活動家らから行なわれるようになる。2008年のリーマンショックをきっかけに「派遣切り」「雇い止め」で仕事や住み処を失う派遣労働者が全国に増えていく。その年末の大晦日から正月にかけて東京・日比谷公園で労組や困窮者支援団体など民間の団体が呼びかけた「年越し派遣村」には、所持金もなく、食事と眠る場所を求める人々が行列をつくる姿がテレビ各局のニュースで放映された。

戦後の復興期を除いて、日本社会で「貧困」の広がりが可視化され、テレビメディアを通して人々に強く印象づけられた瞬間だった。そのまま、貧困は政治的な課題になり、議論の焦点として、２００９年の総選挙での民主党への政権交代、さらに２０１２年には自民党への政権交代へとつながっていく。

第Ⅰ部では、放送データの分析からテレビの貧困報道について見えてきた研究の成果をまとめた。２００７年、８年と経済のグローバル化や様々な分野での規制緩和、派遣労働に象徴される非正規労働の拡大による雇用の不安定化などが一気に進む。２００８年のリーマンショックでは製造業派遣で働く人たちが「派遣切り」に遭い、職と住まいを同時に失った人々が全国各地の工場で急増した。生活に困窮する人たちが増えたことで貧困に関連する報道も増えていった。放送データからもそうしたテレビの貧困報道の変化を見ることができる。それはインターネットやＳＮＳが世界的に急伸した時期にも重なり合う。社会という視点では貧困の「再発見」や「重層化」が、メディアという視点ではテレビ、新聞など既存メディアの影響力低下とネットメディアの台頭が、一気に進んでいく。そのことで貧困の語られ方も大きな影響を受けていく。

第Ⅱ部では、リーマン期とコロナ期にテレビ報道に登場した支援活動の担い手や報道人へのインタビューをまとめている。当事者の生の言葉を通して、貧困のリアルな状況や支援活動のあり方、さらにはメディアの現状について浮き彫りにする。現場の最前線で様々な人々がこの問題で格闘する姿が浮かび上がる。貧困問題で活動する人、報道する人の歴史が再現されている。

もくじ

第I部

貧困問題をメディアはどう伝えたのか？

——派遣村ショック期とコロナショック期を比べてみる

はじめに

◆リーマンショックの残像―「食べ物」を求める人々の姿

土曜日の東京・新宿。正午過ぎ、新宿駅を降りて西側の東京都庁方向に向かって歩くと、幅広い歩道の端にぽつぽつと人が立ったり座ったり、間を少し空けて並んで待っているのが目に入ってくる。都庁の下で毎週行なわれている食料配付の活動、「新宿ごはんプラス」で渡される食料を受け取るために待っている人たちだ。

時間になれば人々は整列し、食料が入ったレジ袋を順番に受け取っていく。

「暑いので熱中症には注意してください！」

ボランティアから手渡されるレジ袋を順番に受け取っていく。中身はコンビニ弁当、バナナ、トマト、乾パンなどの非常食、菓子、ペットボトル入りの飲み物など。筆者はこうした支援活動に関心がある大学生を連れて時々訪れている。並ぶ人の列は2020年、2021年と比べ2022年の夏になってまた一段と長くなっている印象だ。

新型コロナ感染「第7波」が夏場に入って急拡大し、1日当たり全国で25万人を超す過去最大の感染者数を更新するなか、外を散歩するだけならマスクなしでもいいと感染予防の専門家が発言するようになって、街や駅の人出はぐっと増えている。ロシアによるウクライナへの軍事侵攻でエネルギー価格が高騰し、経済的な苦況にあえぐ人々が目に見えて増えている。追い打ちをかけているのがこの夏の記録的な暑さ。最高気温40度を超える日が各地で珍しくなくなった。

「眠るときにはエアコンをつけて、水分補給もマメに行なうようにしてください」

テレビでアナウンサーが呼びかけるが、エアコンもないところで過ごす人々や電気代を節約したい人には無理な話だ。外で過ごす野宿の人たちには深夜でも生温かい空気は寝苦しい。

かつて「炊き出し」と呼ばれていた生活困窮者に対する食料支援。新型コロナウイルスが広がる前は紙製の皿などに盛り付けられたカレーライスなどが振る舞われていた。調理された料理の温かさがそのまま手渡されていた。

「貧困」をめぐる報道の現場を取材してきた筆者にとって忘れられない炊き出しの光景がある。2009年の元旦。東京・日比谷公園で行なわれた「年越し派遣村」だ。

前年秋から米国発のリーマンショックによる製造業を中心に起きた「派遣切り」で、自動車工場などの派遣社員として働いていた人たちが一斉に「雇い止め」にあって職と住居を失った。労働組合や野宿者支援団体などが緊急的な支援活動を実施。食事を手渡しする列に多くの人々が並んでいた。冬の寒い時期にドラム缶のたき火で暖をとった記憶がある。日比谷公園の隣には霞が関の中央省庁や永田町の首相官邸や国会議事堂があり、日本の中枢のすぐそばで「貧困」が姿を現していた。その対比はいまも鮮明な記憶として残っている。仕事を失い、年越し派遣村にやって来た人たちは派遣で働き、仕事と住む家を一度に失ってネットカフェなどで眠っていた。

その派遣村から10年あまり。リーマンショックの残像のような光景がまた広がっている。

◆コロナショックのいま――食料配付の列で目撃した女性

2020年の夏、食料を受け取る列の中に女性がひとり立っているのを、私は目撃した。日焼けした肌、おかっぱ頭の髪型に大きな目が印象的な人だった。ある日、テレビのニュースでその女性の顔が映し出された。女性は住む場所もなく深夜のバス停で過ごしていたという。毎晩のように同じバス停で夜を過ごしていたが、不快と感じた近所の男に石を入れたレジ袋で頭部を殴打されて死亡した。「ホームレス女性の死」として報道され、非正規で働いていた境遇が明らかになると、「彼女は私だ！」とデモ行進をする女性グループが出るなど人々の共感を呼んだ。

その人の名は大林三佐子さん（当時64歳）。スーパーなどで食品メーカーの試食品を客に食べてもらい販売促進をする仕事をしていた。リーマンショックの頃に日雇い派遣の労働で筆者が取材した女性が偶然、大林さんの同僚だった。生前の様子をくわしく聞くことができた。

大林さんは試食販売などの仕事を斡旋する登録型の会社に登録し、仕事があるときには1日ごとに東京、埼玉、神奈川など首都圏のスーパーなどに試食販売員として出かけ、販売促進につなげる仕事をしていた。登録型の請負仕事だ。仕事があれば収入にはなるが、しばらくない時期にはたちまち生活に困窮する非正規の働き方。当日販売する試食品を自腹で購入する場合も多く、出費もかさむ不安定な生活だった。

そして、家賃滞納で住む家を失ってネットカフェや路上で眠るようになる。いつもキャリーケースをゴロゴロと引いて職場に登場するようになったものの、同じ仕事の仲間たちには野宿生活をしていることは明かしていなかったという。大林さんには若い頃、アナウンサーになりたいという夢があった。郷里の広島市では劇団に所属していたこともある。それが、非正規の仕事を転々とするうちに野宿者となり、コロナ禍で試食販売の仕事もなくなって、支援団体が配付する食料で食いつないでいたらしい。筆者はたまたま新宿での食料配付のときに男性が圧倒的に多い列の中で珍しく女性が並んでいたので、その立ち姿を鮮明に記憶していた。

コロナショックの食料支援の現場では大林さんのようなケースは例外ではない。当初はほとんどが白髪まじりの高齢男性で野宿者が中心だった。野宿をする人たちは服装がうす汚れているなど外見でそれとわかりやすい。だが、支援者によると、コロナ禍も3年目に入り、異変が起きているという。最近では服装だけではわからない身ぎれいな人たちが並ぶようになってきた。20代、30代と思われる比較的若い男性、スーツ姿の男性、そして女性の姿もかなり目につくようになった。幼児や小学生くらいの子どもを連れた母親らしい姿もある。「貧困」が高齢の野宿者（それも大半が男性）から若年層、さらに女性や子育て中の家族へと広がりを見せつつある。

本書では、リーマン期とコロナ期の2つの時期に分けて、メディアが「貧困」についてどう報道したのか、データから検証し、困窮者支援の現場や報道の現場にいる人たちに話を聞いて、あるべき報道のあり方と課題を探ることにしたい。

第1章

ワーキングプアとネットカフェ難民

◆21世紀に入って、メディアが使う「貧困」の意味が変わった

「一億総中流」の意識が国民に根づいた高度成長期以降、日本のメディアでは長いこと、「貧困」はアフリカやアジア、中東や南米など発展途上国を中心に「国外」の国・地域での生活困窮を指す言葉だった。

2006年頃から日本国内で格差の広がりと貧困の深刻化が指摘されるようになり、次第に貧困は日本の「国内」での困窮を指す言葉として報道で使われていく。なかでも2008年9月に米国の投資銀行リーマン・ブラザーズの経営破綻が連鎖的に引き起こしたリーマンショックは、日本経済にも打撃を与えた。

同年末に東京都心の日比谷公園に労働組合やホームレス支援団体など民間の支援団体が生活困

窮者向けの「年越し派遣村」を設営した。食料、衣料や宿泊先などを提供する支援にできた長蛇の列は21世紀日本の貧困を可視化させる象徴的なシーンとなった。働き方でも、従来は大半を占めた正社員＝正規雇用ではなく、製造業派遣や日雇い派遣などに代表される非正規労働の従事者が増加して全体の3分の1に到達する。不安定で低賃金、働いても貧しさから抜けられない〝ワーキングプア〟（働く貧困層）が社会問題化した。

メディアが貧困の広がりを報じ、解決すべき社会課題として問題提起するなか、政府は自民党中心の政権から生活困窮者への支援を主な課題として掲げる民主党中心の政権へと交代した。その3年後に今度は生活保護制度の見直しを公約に掲げた自民党が政権復帰を果たし、数年の間に貧困をめぐる政策は大きく揺れ動いた。それから10年あまり、新型コロナウイルス感染拡大による不況で２０２０年以降、貧困の広がりと困窮する人々の姿が再びクローズアップされている。

これらの時代を通してメディア、特にテレビが貧困の問題をどのように報じてきたのかを探っていきたい。

本書では便宜上、リーマンショックが起きる2年前の２００６年から２０１３年までを広義の「リーマンショック期」とする。その時期は日本の貧困がメディアでも国民の間でも強く意識された時期である。さらに再び日本国内での貧困の広がりが一層深刻になり、メディアでも大きく報じられるようになった２０２０年と２０２１年を「コロナショック期」と名付け、大きく２つにわけた時期を比較検討する。なお、本書に登場する人物名はすべて敬称を略して記述する。

◆放送データから「リーマン期」と「コロナ期」を比較すると何が見えるか

本書ではテレビの放送内容をデータ化している株式会社エム・データのＴＶメタデータ[*1]を材料にしている。地上波で放送されたＮＨＫおよび民間放送のテレビ番組の放送内容や放送時間などを記録したデータである。収集期間は以下の２００６年～２０１０年、２０１２年～２０１３年、２０２０年～２０２１年で、放送エリアは首都圏である。

本書では便宜上、それぞれの時期を以下のように区分する。

①２００６年～２０１０年　リーマンショック期（Ａ）

②２０１２年～２０１３年　リーマンショック期（Ｂ）＝生活保護見直し期

主にお笑い芸人の親族の生活保護の受給をきっかけにメディアにおいて「不正受給」が大きくクローズアップされ、生活保護制度に対する批判が強まった。生活保護制度の「見直し」が叫ばれた時期で、生活保護バッシング期と言い換えることもできる。

③２０２０年～２０２１年　コロナショック期

これまでのテレビ研究では、番組の放送時間を精密に測定して細かく検証するということがあまりできなかった。特に、ニュースなどの「報道番組」において、今回のように「貧困」など特定のジャンルについて細かく検証したケースはほとんどない。実際のところ、テレビの貧困報道をめぐる本格的な研究はこれまでほぼなかったと言っても過言ではない。選挙の報道などで個々の研究者などが目視で放送時間を測定しながら比較的短い期間だけ研究したケースがある程度にとどまっている。

今回、筆者はTVメタデータという武器を使ってこれまでにない研究に挑戦することができた。放送データを細かく検証することで、貧困という社会問題に対するテレビメディアの報道姿勢や傾向、弱点など、従来は見えてなかった断面が明らかになった。

◆強力な新兵器「TVメタデータ」

対象としたデータは2006年から2021年までの全期間ではない。2011年と2014年～2019年は欠落している。全期間を網羅しておらず、貧困報道に重要と思われる年だけを筆者の判断で入れた分析になっている。材料にしたTVメタデータは東京地区の地上波の番組に

＊1　TVメタデータは、東京、名古屋、大阪地区の地上波やBSのテレビ局で放送されたテレビ番組やTV-CMをテキスト・データベース化して構築した株式会社エム・データの商品だ。いつ、どの局のどんな番組で、誰が、どんな話題が、どの企業や商品、お店などが、どのくらいの時間、どのように放送されたのかなどを、独自のデータ収集システムを使用し生成している。

ついて「放送日」「番組名」「番組ジャンル」「話題開始時間」「話題終了時間」「話題時間」「ヘッドライン」「MEMO」などを詳細に分類して記録している。内容については「ヘッドライン」や「MEMO」に書かれた文章を検索したうえで、筆者がさらに分類して放送時間を集計するかたちをとった。

「MEMO」などの記述情報については株式会社エム・データのデータ生成ガイドラインに改変が行なわれたため、過去データに限り記述情報や表記の詳細さには若干の差がある。さらに、同じくシングルマザーが登場した放送でも、「女性の貧困」「子どもの貧困」「ひとり親家庭」などテロップが別の言葉で表示されることもあり、分類上で迷うものもあった。なるべくテロップを重視して分類したが、表記などが明確でないものも少なからず存在する。

また、題材としたTVメタデータは、貧困に関するテレビ報道を株式会社エム・データ側に予めいくつかの言葉で検索・抽出してもらったものを土台にしている。このため、抽出条件などは同社の仕様に依拠している面がある。たとえば、「ワーキングプア」や「ネットカフェ難民」などの報道については同名のドキュメンタリー番組が日本社会に与えた影響は少なくないが、ドキュメンタリー番組そのものは本書でのデータとして登場していない。今回の提供データについては、あくまでニュース番組や情報番組などに登場したときだけにデータとして抽出されるかたちになっているなど、制約があるなかでの研究になっている。

◆報道人として、研究者として

もう一つの注意点は、対象にした期間のうち2006年頃から2011年頃にかけては筆者自身が民放テレビ局（日本テレビ）の取材者、番組制作者および出演者として貧困報道の「当事者」だったことである。このため当時の貧困報道の題材になったテーマや事件などで筆者自身が現場に赴き、関係者らに話を聞き、取材していた。番組などもほぼリアルタイムで視聴した。筆者がかかわる自局の番組はもちろん、他の番組も貧困にかかわるものは注目して視聴していた。

以上の理由から、TVメタデータで「MEMO」など第三者の視点から記録された文字情報に加えて、当時の取材経験やそれぞれの番組を視聴した個人的な記憶や確実と思われる情報を補足して分析している。

その意味ではデータ収集の段階や記述などでやや個人的な偏りがある。加えて、研究論文として記した元々の文章に、さらに筆者個人が取材・制作した関連ドキュメンタリーなどについても加筆した。貧困問題で活動する支援団体の関係者、報道関係者、こうした分野の研究者など以外の一般読者にとっては、このような個人的手法の方が興味深い内容になるはずという目論見だ。

そのため、ところどころ当時の筆者の個人的な問題意識を示すかたちになっている。貧困問題に携わってきた様々な支援者や報道人の声は第Ⅱ部でのインタビューを参考にしてもらうことにして、第Ⅰ部での筆者の個人的な記述は貧困問題の報道に従事していた人間の私見が交じっていることをお許しいただきたい。

◆テレビは「貧困」をどのように社会に問いかけたのか?

本書は以下の問題意識を研究における根っこの部分での「問い」、すなわちリサーチ・クエッション（研究における根本的な「問い」）にしている。

バブル期以降、メディアが日本国内の「貧困」をどのように議題設定（アジェンダ・セッティング）したのか。「議題設定」というのは簡単に説明すると「社会全体の争点（議題）」として提示することだ。メディアが「この問題は大事なテーマだ」と提起することで一般の人たちも「これは大事な問題だ」と気がついていく。その分野の研究者であるマコームズは「公衆はメディアが作り上げたものを受動的に待ち受ける自動人形の集まりではない。ある争点については、メディアの報道パターンが公衆の共感を呼び起こす。しかし、共感を呼ばない争点もある」[*2]と指摘する。

この議題設定という言葉を足掛かりにテレビメディアについて以下の問いを念頭に置いて放送記録を分析する。

①貧困の問題についてテレビはどのような議題設定をしたのか、②議題設定にあたり、どのような社会背景、出来事や社会活動が影響を与えたのか、③議題設定にあたり、どのような団体や社会活動家や研究者などの個人が影響を与えたのか、④議題を設定するキーワードとしてどんな言葉が使われたのか、⑤〝最後の安全網〟とされる「生活保護」をめぐる報道はどのように変化

したのか、⑥2008年前後の「リーマンショック期」と2020年以降の「コロナショック期」における貧困報道を比較した場合の共通点と相違点は何か、⑦間メディア社会化[*3]がますます進行する現在の貧困報道において期待されるテレビメディアの役割とは何か。

◆新聞報道の転機は「働く貧困層」の出現

導入として、新聞のデータベースで全国紙の「貧困」に関する記事を振り返る。

朝日新聞の記事で1960年以降2021年まで「貧困」を検索すると、1960年12月2日に厚生白書について「貧困から解放が先決　福祉国家建設のために」という記事が見つかる。1960年代には「貧困」や「貧困層」が見出しにも使われ、貧困層に結核患者が目立つ、という記事などが目に入る。

＊2　マックスウェル・マコームズ著／竹下俊郎訳（2018）『アジェンダセッティング―マスメディアの議題設定力と世論』学文社（= Maxwell McCombs（2014）. Setting the Agenda : The Mass Media and Public Opinion, 2nd Edition, Malden MA : Polity Press.）

＊3　遠藤薫は「間メディア」について、インターネット時代に「ネットと既存メディアは、意図するしないにかかわらず、相互に分かちがたくリンクし合いつつ、複合的なメディア環境を形作っていく」状況と捉えている。遠藤薫著（2007）『間メディア社会と世論形成―TV・ネット・劇場社会』（東京電機大学出版局）

しかしその後、「貧困」は次第に姿を消し、替わって登場する言葉が「中流」である。1976年に総理府の「国民生活に関する世論調査」で9割が自分を中流階層に位置する、と回答したという記事がある。1988年の記事でもほぼ同様の国民意識が報じられている。

データベース上一度に同条件で検索可能な1986年1月1日以降で「貧困」でヒットする記事は圧倒的に多くが海外や世界の貧困についてである。社説の見出しを検索すると、「貧困」という言葉が国内の貧困という意味で使われる社説としては2007年9月25日の（社説）「新たな貧困層　知恵を出せば救える」が初めてで、本文中に「ネットカフェ難民」も初登場している。さらに、2008年2月25日（社説）「希望社会への提言：18『働く貧困層』の自立を支える」では本文に「ワーキングプア（働く貧困層）」が初登場。「貧困問題」「新しい貧困」が克服すべき課題とされた。

毎日新聞も1984年以降、社説の見出しに日本国内の貧困が登場するのは2006年5月9日（社説）「視点　格差社会考／21『貧困のワナ』に陥らぬ…」、2007年3月20日（社説）「最低賃金制度『働く貧困層』減らす工夫を」である。

読売新聞の社説で国内の貧困が焦点になるのが朝日や毎日よりも早く、1995年11月18日に（社説）「生活白書にみる『新たな貧困』」で登場している。1996年8月25日の（社説）「憲法公布50年　新たな人権理念の創出を」は池袋のアパートでの老いた母親と中年で病弱だった息子が餓死した事件から生活保護など福祉を考える論考だ。2001年1月7日（社説）「新世紀を開く　少子・高齢化の向こうに『共助』の心が支える成熟社会」では本文に「生活保護」と「貧困」

という言葉が登場し、新しい世紀での社会の支え合いを提言した。2007年2月10日の（社説）「衆院予算委　格差是正の具体策を練り上げよ『ワーキングプア（働く貧困層）対策』」、2007年3月5日の（社説）「最賃法改正案　生活保護費より低額でいいのか」、2008年1月13日（社説）「グッドウィル　日雇い派遣制度の透明化を図れ」、2012年10月4日の（社説）「生活保護改革　自立促す就労支援に本腰を」、2013年12月22日の（社説）「改正生活保護法　就労支援で自立の手助けを」と、読売新聞には貧困にかかわる社説が他紙よりも比較的多い。

貧困状態にあっても「働くこと」でその状態から抜け出していく。それが長い間、貧困問題についての日本人の常識的な認識だった。ところが、いくら働いても貧困状態から抜け出せない「働く貧困層」の出現で、2006年、2007年頃が貧困報道の大きな転機になっていることがわかる。

◆テレビ報道の転換のキーワードは「ワーキングプア」「ネットカフェ難民」

前記を踏まえて、テレビの貧困報道についてTVメタデータを材料にして様々な角度から分析していく。

「貧困」「困窮」「生活苦」をキーワードにした放送時間を年ごとに集計すると、2006年から次第に増えている。リーマン期（A）（B）には2006年に12時間あまり、2007年に18時間を超えて、2009年に21時間41分24秒になったのをピークに年20時間前後で推移したのに比べ、

図１ 「貧困」の報道（海外・日本別）

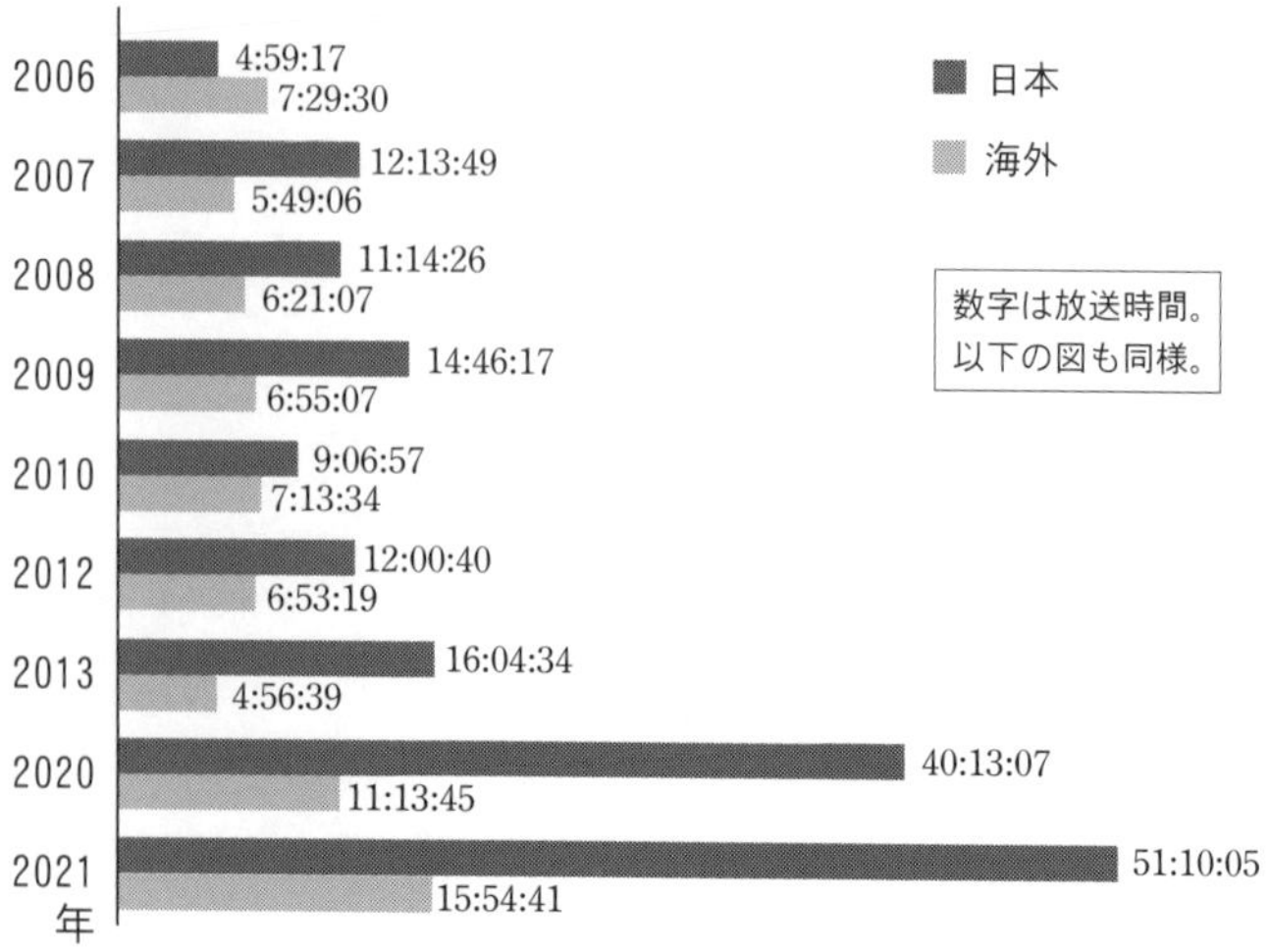

２０２０年には51時間26分52秒、２０２１年には67時間４分46秒と急伸した。

報道に登場する貧困が「海外」の貧困問題を指すのか、「日本」国内の貧困問題を指すのか、区分して放送時間で比較してみると、新聞同様にテレビでも高度成長期以降は「貧困」という言葉が主にアフリカ、中東、アジア、米国、中国など海外の貧困を指して使われてきたことがわかる。図１で見ていくと２００６年以降、日本国内の貧困を意味するケースが次第に増えていく。２００７年に日本国内の貧困の放送時間が海外のそれを上まわり、その後は日本国内の貧困の放送時間が増加する一方で２０２１年までの確かな潮流になっている。

◆きっかけをつくったNHKのドキュメンタリー「ワーキングプア」

2006年以降、日本でも格差や貧困が広がっているとする報道がテレビでも目立つ。きっかけが、ドキュメンタリー番組・NHKスペシャルの「ワーキングプア」シリーズである。[*4] 2006年7月にNHKスペシャル「ワーキングプア　働いても働いても豊かになれない」が放送され、ワーキングプア（働く貧困層）の存在を可視化させた。経済のグローバル化や様々な分野での規制緩和政策によって企業同士や労働者間の競争が激化した。働いても生活保護基準以下の生活しかできない貧困層が増加している現状の報告は社会に衝撃を与えた。NHKは同年12月にNHKスペシャル「ワーキングプアⅡ　努力すれば抜け出せますか」、2007年12月にはNHKスペシャル「ワーキングプアⅢ　解決への道」も放送した。ニュース番組でもワーキングプアに焦点をあてた連動企画をたびたび放送している。

前述したように新聞各紙社説に2007年以降、この言葉が登場するのはNHKのこの「ワーキングプア」シリーズ以降である。

＊4　NHKが製作した「ワーキングプア」は放送当時、大きな反響を呼んだ。シリーズ1作目の「ワーキングプア　働いても働いても豊かになれない」は2007年ギャラクシー賞大賞に選ばれた。ディレクターの板垣淑子と社会部記者の板倉弘政が中心になった取材班は、書籍『ワーキングプア―日本を蝕む病』（ポプラ社）を2007年6月に刊行している。

キングプア」シリーズによる影響が大きいことは間違いない。ワーキングプアという言葉は1900年前後から米国の研究者らが使い出した概念とされている。しかし、貧困であったとしても「働くことさえできればそこから抜け出すことができる」と長い間考えられてきた日本社会では、「働いても働いても豊かになれない」という現状、すなわちワーキング（働きながら）＋プア（貧困）という問題を投げかける報道は画期的だった。

この番組は、ワーキングプアを「働いているのに生活保護水準以下で暮らす人たち」と定義づけた。そうした世帯が全世帯の10分の1を占めているという。都会では住所不定無職の若い世代が急増、非正規雇用で働く人が増えていた。地方でも農業の衰退や地域経済の落ち込みで税金を払えない世帯や高齢者で医療費や介護保険料の負担に苦しむ人たちも目立つようになった。憲法25条が保障する「人間らしく生きる最低限の権利」が都市でも地方でもおびやかされている深刻な実態を映し出した。

このシリーズは報道機関で働く人間たちの認識を大きく改めることにつながった。「貧困」が報道ジャンルで扱うべき大きな社会問題になったのだ。

◆民放発で転機になったドキュメンタリー「ネットカフェ難民」

ＮＨＫと期を同じくしてドキュメンタリーなどで「貧困」についての問題を発信していたのが、筆者がいた民間放送の日本テレビだ。ドキュメンタリー番組のＮＮＮドキュメントでは２００６

年1月に「ニッポン〝貧困社会〟 生活保護は助けない」で、生活保護の窓口に行っても申請までたどりつけない「水際作戦」の現状や北九州市や京都市などで起きていた餓死や孤独死などの事例を伝えた。取材して番組にした際のディレクターは筆者だったが、番組タイトルに貧困社会という言葉を意識的に入れた。北九州市で心身に障害がある生活保護受給者に対して市の職員が厳しい態度で「就労指導」し、強引に保護を辞退させようとする対応に脅えていることを当事者がPTSD（心的外傷後ストレス障害）の症状そのままに身体を震わせながら証言した。

こうした北九州市の生活保護行政はその後、朝日新聞の西部本社が餓死などの事例を調査報道し、他のメディアも追随することになる。職員の内部告発などがあって「闇の北九州方式」と言われる組織内のノルマの存在が明らかになるのは少し後のことである。

この延長線で筆者が在籍した日本テレビの報道局では、日雇い派遣などの不安定な雇用形態で仕事が減るとたちまち生活苦に陥ってしまう人々に注目した。住む家を失い、ネットカフェやハンバーガー店などを転々として睡眠をとる事実上のホームレスの人が増加している現状を報道した。筆者が「ネットカフェ」に注目したのは、その少し前に貧困の最前線を取材する手がかりを得たいと考えて生活保護を担当する全国の自治体職員らが集まる勉強会に参加した際、講師の一人として来ていた湯浅誠から「貧困をいま、取材するならネットカフェに行かなきゃ」と助言されたことがきっかけになった。それまで筆者はネットカフェという場所に行ったことさえなかったが、東京・蒲田のネットカフェに実際に行って驚いた。

そこで睡眠をとるなど「生活」のねぐらにする人たちが数多くいたからだ。その人たちは朝早くに出かけて行って「日雇い」の仕事を派遣というかたちでしていた。彼らと会話を交わしたときの印象や眼差しが今夜の食事や眠る場所などすぐ目の前のことしか関心がなく、以前、海外特派員として取材経験があったユーゴ内戦やイラク戦争などで出会った難民たちとよく似ていると感じた。そこでこれらの人たちを〝ネットカフェ難民〟と命名して番組のタイトルにすることにした。こうして2007年1月、NNNドキュメントで「ネットカフェ難民　漂流する貧困者たち」[*5]が放送された。

この中では「ネットカフェ難民」など困窮している当事者たちの声に加えて、貧困問題の現状を解説する人物として湯浅誠にインタビューして登場してもらった。彼はNHKの「ワーキングプア」や新聞各紙にも登場し、日本社会で「貧困」がなぜ起きているのか背景を解説する、貧困問題の「顔」になっていった。

筆者は、これ以降、NNNドキュメントのシリーズとして2009年5月までに「ネットカフェ難民」をタイトルに入れた5つの番組を放送した。日雇い派遣、製造業派遣で起きた派遣切り、年越し派遣村などを題材にし、そのほかにもニュース番組や情報番組、報道特別番組などでも関連の特集を放送。2007年末には著書『ネットカフェ難民と貧困ニッポン』(日テレノンフィクション)を上梓した。第1作で筆者が取材したネットカフェ難民は、フルキャストやグッドウィルなどの派遣会社に登録して、メールで仕事を得ると日々の仕事場に向かう日雇い派遣という短期派遣の働き方をしていた。格安コインロッカーに荷物を預けてタンス代わりにしているという男性シュウジさん(仮名・当時28歳)とヒトミさん(仮名・当時18歳)が主人公だった。

日本テレビ系で筆者がディレクターとして取材・構成した「ネットカフェ難民」シリーズのNNNドキュメントは以下の番組である。

「ネットカフェ難民　漂流する貧困者たち」（2007年1月28日放送）
「ネットカフェ難民2　破壊される雇用」（2007年6月28日放送）
「ネットカフェ難民3　居場所はどこに?」（2008年5月25日放送）
「ネットカフェ難民4　日雇いハケン」（2008年11月23日放送）
「派遣切り　ネットカフェ難民5」（2009年2月2日放送）

◆「ネットカフェ難民」と「ワーキングプア」の言葉で放送時間を比較

図2は、テレビ放送で「ネットカフェ難民」と「ワーキングプア」をキーワードに検索した放送時間を年別に集計したものだ。

＊5　2007年度の日本民間放送連盟優秀賞を受賞。筆者はこの番組で2008年の芸術選奨文部科学大臣賞に選ばれた。この番組とシリーズ第2作を合わせてリメイクして2007年11月に放送した「ネットカフェ難民　見えないホームレス急増の背景」は文化庁芸術祭優秀賞や放送文化基金賞優秀賞を受賞した。

図2 「ワーキングプア」「ネットカフェ難民」の報道

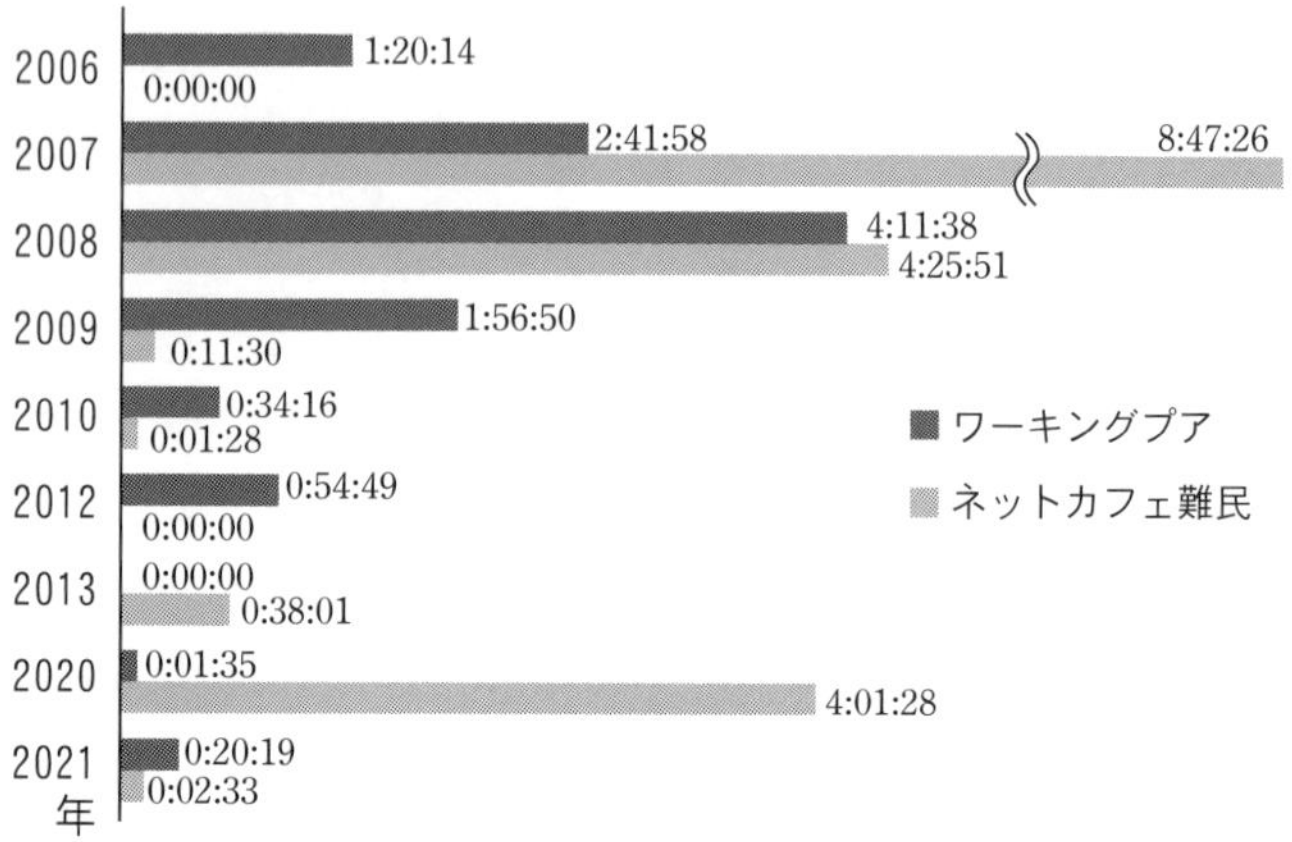

特に、リーマン期に貧困の象徴的な言葉として報道で使用されたワーキングプア、ネットカフェ難民で各年を比較すると、2007、2008年が突出している。ネットカフェ難民がドキュメンタリー番組のタイトルとして「造語」された2007年は、この新語が年末の新語・流行語大賞のトップ10に選ばれるなど言葉の露出が増えて放送時間も長くなり、8時間47分26秒と最長を記録している。コロナ禍で生活困窮者が急増した2020年もこの言葉の露出が再び増えて4時間を超えている。ワーキングプアとネットカフェ難民は2006、7年以降、社会の貧困状況を映し出すキーワードとしてメディアに繰り返し登場していることがわかる。

テレビは他の言葉についても工夫して、貧困をめぐる状況を議題設定しようとしてきた。その一つが「プア」という言葉で可視化させる試みである。

ＮＨＫは先述の「ワーキングプア」に加え、「チャイルド・プア」（２０１２年に「特報首都圏」「おはよう日本」などの番組で「子どもの貧困」を表す言葉として放送）、「サイレント・プア」（２０１２年に「ＮＨＫスペシャル」「あさイチ」などの番組で「声なき女性の貧困」を表す言葉として放送）、「メディカル・プア」（２０２２年に「クローズアップ現代＋」などの番組でコロナ禍に「医療費を払えない」層が増えているとして問題提起）と可視化を試みていたことがデータからわかる。

また、筆者がいた日本テレビやＴＢＳなど民放各社は２００９年を中心に、「生活保護ビジネス」という言葉で生活保護制度を悪用する業者の存在を社会問題として可視化させる議題設定を試みた。しかし、「ワーキングプア」や「ネットカフェ難民」以外の言葉はあまり広がりを持たず、後述するコロナ期の「生理の貧困」を数少ない例外とするほかはあまり定着していない。

◆「生活保護」についてのテレビ報道がリーマン期に急増

個人的なことになるが、筆者が最初に全国放送のテレビドキュメンタリーを制作したのが１９８７年のことで、「生活保護」がテーマだった。[*6]

その年の１月末、北海道札幌市白石区に住む母子家庭の母親が飲食店などのパート収入で男子

＊６　ＮＮＮドキュメント「母さんが死んだ〝生活保護〟の周辺」（１９８７年10月11日放送）。ギャラクシー賞、地方の時代映像祭優秀賞など受賞。

図３　「生活保護」の報道

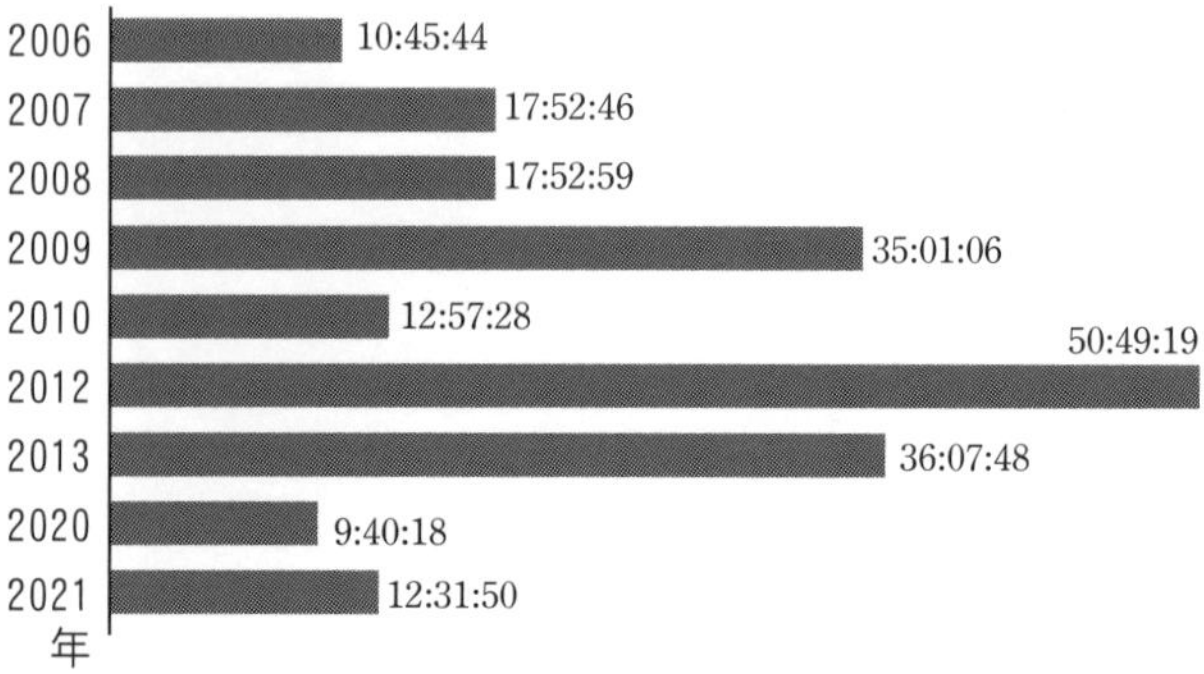

ばかり中学生と2人の小学生の子どもたちを育てていたが、体調を崩して餓死した姿で発見された。亡くなった母親が収入の途絶えた後に区の福祉事務所を訪れ、生活保護の相談をしていたことがわかり、なぜ生活保護を申請させなかったのかという問題になり、市議会などで追及された。取材すると、母親は区の福祉事務所で担当の職員によって「恐ろしい目に遭わされた」と周囲に話していたことが判明し、後述する生活保護の「水際作戦」の存在が強く疑われるケースだった。

　収入が途絶えて生活に困窮した人が「藁にもすがる思い」で助けを求めに行った福祉事務所で事実上拒絶されて申請の手続きをさせてもらえなかったという証言が各地で相次ぎ、背景に臨調行革路線の政治の流れで厚生省が出した通知の影響があったことなどをまとめてドキュメンタリーにした。反響が大きく、取材した事実を後に書籍[*7]にして出版もした。

　この後も「最後のセーフティーネット」と呼ばれて大切な機能だとされながらも、生活保護については制度や利用者に対する偏見や誤解が多く、メディアが制度について適切な報道をしていない現状を痛感した。そこで、新聞やテレビでの生活保護についての報道に注目し、報道の記者として機会があれば自分に可能な限りでニュースやドキュメンタリーにするように試みた。

とはいえ、生活保護制度はなかなか説明がむずかしい面もあって、多い年でも年に1、2回特集ニュースなどで扱うのがせいぜいという状態だった。ところが、「貧困」についての報道が増えていった2006年頃から自分がかかわらないものも含めて「生活保護」のニュースが目に見えて増えていった。データで見ると生活保護に関する放送は、全体では図3のように2006年以降2009年まで増加している。特に、2008年から2009年にかけてほぼ倍増している。放送の記録を細かく見ると、生活保護をめぐるいくつか異なる要因の報道が増えたことが寄与していることがわかる。

2006年から2009年まで「生活保護」のテレビ報道が急増していったリーマン期（A）のテレビ報道を分析すると、いくつかのパターンの報道が重なっていることがわかる。

◆「餓死」「孤独死」「孤立死」で生活保護に関する報道が増加

2006年以降に生活保護のテレビ報道が増加した背景には、生活保護に関連する「餓死」「孤

＊7　水島宏明著（1990）『母さんが死んだ　しあわせ幻想の時代に』（ひとなる書房）

独死」「孤立死」のトピックがある。

そうした不審死についての報道を地域別にまとめてみると、2006年と2007年に北九州市が急増していることがわかる。「餓死」「孤独死」「孤立死」のトピックで一つの地域に関する報道は多くても年間で合わせて数十分程度で合計が1時間を超えることは滅多にない。それが2007年には北九州市で起きた餓死・孤独死・孤立死事件の関連報道が4時間17分13秒を占めた（図4）。図3で2007年の生活保護についての報道全体が17時間52分46秒であることを考えると、図4の北九州市はその4分の1に迫る放送時間だ。同市で前年から連続した餓死事件が市政のトピックとして報道されたほか、生活保護を受給していた元タクシー運転手の50代の男性が市職員によって辞退届を書かされて保護を打ち切られて食物も尽きた末に餓死した状態で発見された事件もあった。市職員への恨みや「おにぎり食べたい」という言葉を書き遺したことで、センセーショナルにテレビ報道された。

市の方針で同市の福祉事務所では生活保護の受理件数について数値目標の上限を設け、組織内で「闇の北九州方式」と呼んでいたという職員による内部告発も報道された。福祉事務所に対して生活保護の相談をしても、申請させることは事実上ない。申請の意思を持った人が来ても資産や収入、扶養義務調査などで厳しい調査が必要であることを伝え、相談段階で諦め、自らの意思で手続きをさせないようにし向けて申請を抑制する、「水際作戦」と呼ばれる対応だ。すでに受給している人に対しても辞退届を書かせて生活保護を自らの意思で打ち切るかたちにし向ける対応とも合わせ、憲法25条で保障されている生存権や生活保護法に定められた申請する権利を侵害する違法な対応だと生活

図4　生活保護関連の「餓死・孤独死・孤立死」報道の地域別推移

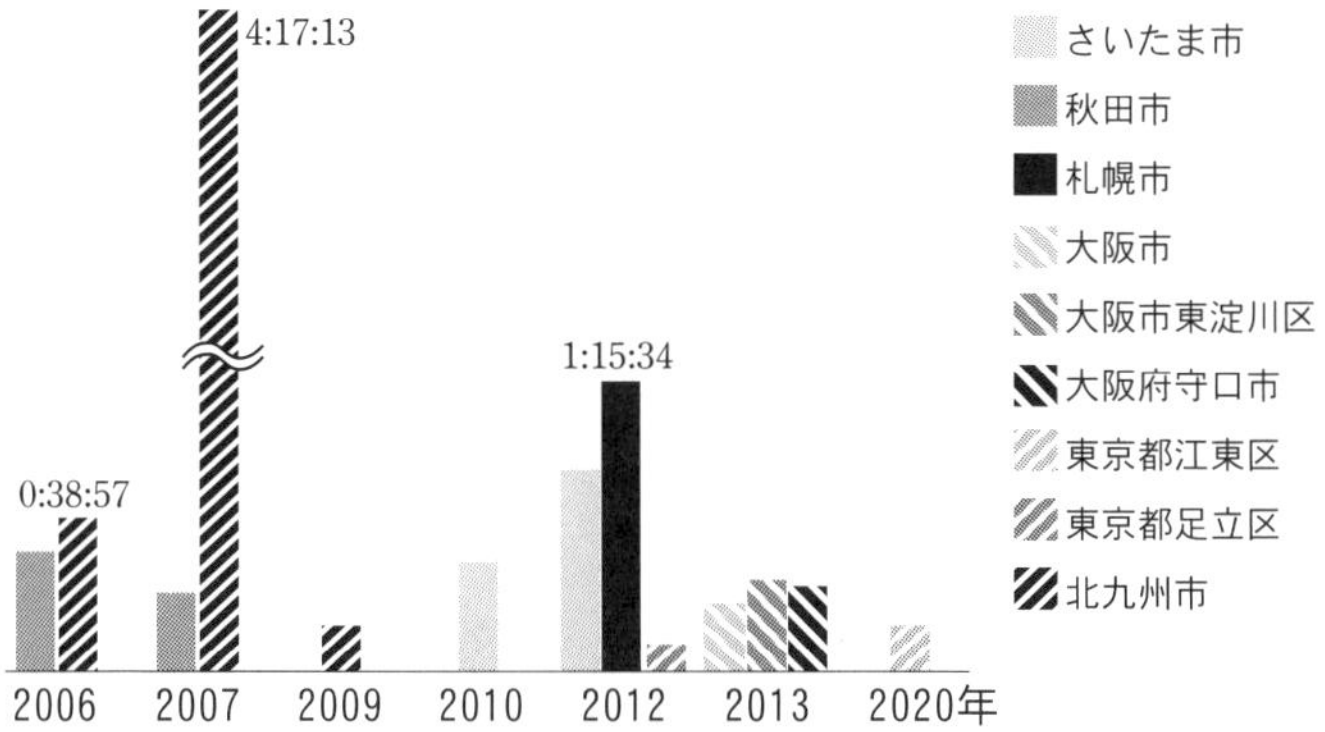

保護問題に取り組む弁護士らが強く批判していた。

２０１２年にも札幌市白石区のアパートで知的障害を持った妹と同居する姉とが周囲から孤立した状態で死亡しているのが見つかった。一人で障害のある妹を支えていた姉は収入が途絶えた後に生活保護の申請を相談しに福祉事務所を複数回訪れていたことが後から判明した。１９８７年に母子家庭の母親が餓死する事件があった札幌市白石区が舞台になっただけに全国的な注目を集め、支援団体の関係者や研究者らが調査団をつくって関係者にヒアリングするなどした。だが、市当局は「姉から申請の意思は示されなかった」という説明に終始した。この報道も1時間15分34秒と放送時間が多くなっている。

生活保護に関する報道を〈ＭＥＭＯ〉の記述から検索すると、「水際作戦」はわずかしかヒットしない。各番組が必ずしもこの言葉を報道で使用したわけではないが、困窮した人にとって「最後のセーフティーネット」とされる生活保護が機能しない現状について批判的な報道が２００６年、２００７年の北九州市の事件を皮切りに、リーマン期には相次いだ。

「水際作戦」は、生活困窮者に向けた福祉事務所の誘導行為である。生活保護制度についての法律的な知識がなければ、「申請できない」と思い込まされて誘導に乗せられてしまう。福祉事務所に対して正式な手続きとしての申請を行なった場合には収入や資産、生活状況などを審査されれば受給資格ありと認定されうるケースでも、職員による説明を聞いて自分は資格に該当しないと思い込まされて、結果として自ら申請しないという意思決定に追いやられる。こうした正式な手続きに乗せない対応が全国各地の自治体で問題化していた。

生活困窮者が単独で福祉事務所に行くとこうした誘導によって事実上は「追い返される」ようなケースでも、制度について知る弁護士や司法書士、労働組合の関係者、ホームレス支援の活動家などが「同行」して申請の意思を示すことで生活保護の支給につながるケースがこの時期に相次ぎ、生活保護の申請に支援者が同行することの必要性が支援者の間で認識された。

◆「貧困者」をテレビでどう描くのか―貧困者をめぐる〝感動ポルノ〟？

この時期には様々な局のドキュメンタリー番組などが「貧困者」をどのように描くのかで模索を続けていた。ＮＨＫの「ワーキングプア」シリーズでは登場する貧困者は全員「顔出し」を原則とした。筆者も知っていた当時二十代男性の貧困者は、ＮＨＫの制作者から「番組に説得力を出すために顔を出すかたちで取材に応じてほしい」と説得されたが、最終的に断ったという。家族との折り合いが悪くて実家を離れて東京のネットカフェなどで生活している人だった。

このように顔を出して登場できる人を探したうえでNHKは「いくらがんばって働いても収入が生活保護基準以下で報われない」「こんな社会おかしくないですか」という打ち出し方のキャンペーン報道を展開した。ある意味、ステレオタイプでワンパターンともいえる報道である。

一方、筆者が取材・制作した「ネットカフェ難民」シリーズは、「顔出し」にはこだわらなかった。様々な事情を抱えた貧困者の場合、顔を出すことにこだわると取材対象が限定されてしまい、かえって貧困状態にいる人々の「実相」から離れてしまうと感じたからだった。顔にモザイクやボカシを入れることを厭わない表現方法を採った。だが、貧困の「実相」をどのように視聴者に伝えるかは、やはりむずかしさをともなう問題だった。

第1作に登場した女性のネットカフェ難民18歳のヒトミさん（仮名）は肉親による過酷な性虐待を逃れて、都内のネットカフェを転々としていたが、うつ病やパニック障害など精神的な症状を抱えている人だった。

日雇い派遣と家のない事実上のホームレス生活のなかでたえず自分を鼓舞させる言葉を手帳に書き綴っていた。「我慢する」「ぜいたくはしない」「強くなる」などの手書きの文字。その手帳をカメラの前で実際に見せてもらったときに彼女がつぶやいた。「自分を戒める言葉なんです。がんばるんだぞと。もうこれ以上、落ちて、落ちてにならないように…」と。筆者はこの言葉こそネットカフェ難民の人たちの不安定な生活のなかでの必死に生きようとする言葉だと受け止め、番組のエンディングにもってきた。

そうしたところ、深夜放送のドキュメンタリー番組だったにもかかわらず、視聴者から「感動した」「自分もこうした問題で困窮者を支える活動をしたい」などという電話が相次いだ。そうした視聴者のなかには番組に登場したヒトミさんに直接、資金を提供したい、部屋を提供したい、仕事を提供したいというものが少なからずあった。番組制作者として視聴者からの反響はうれしいものだが、他方で構造的な現代の貧困のありようを伝えようとした番組の意図が必ずしも伝わっているわけではないことも痛感した。

「ヒトミさんを支援したい」という電話をかけてくれた視聴者に「資金や部屋などの提供をしたいのであればどうぞ支援団体の方にぜひ…」と伝えても納得してくれない。テレビに出てきたヒトミさんでなければいけないのだと頑なに言い張る。そうした人たちにとってヒトミさんは哀れみを誘い、一方的に施しを与えるべき存在なのだった。ドキュメンタリーに登場した貧困者が視聴者の同情を引きつける一種の感動ポルノ[*8]になってしまったという印象を受けた。

感動ポルノという言葉が障害者の描かれ方をめぐって日本社会で浸透するのはこの「ネットカフェ難民」よりも数年後の2016年のことだが、振り返れば貧困者についても障害者同様に感動ポルノ的な描き方や描かれ方があり、制作者としてそうならないように注意したつもりでも視聴者の受け止め方ではなかなか払拭できないことも痛感した。

番組放送当時、「貧困者」をどう描くべきなのかをめぐって、制作者としての視線と困窮者支援をする人たちの視線が同じであるべきなのか、あるいは違うべきなのか、支援する側と取材する側で互いの見解を原稿にしてぶつけあったことがある。筆者も編集にかかわっていたNPO放送批評懇談会が発行する放送批評誌『GALAC』に掲載された「クロス批評」だ。

湯浅誠が事務局長をしていたNPO「もやい」での生活困窮者支援に焦点を当てて取材したドキュメンタリーで、生活保護を受給しながら支給された保護費を「もやい」のスタッフの注意も聞かずに遊興費に消費しようとして悪びれもしない19歳の元ホームレス男性を登場させたところ、日本テレビにも「もやい」にも抗議が殺到した。その「ネットカフェ難民3」を題材に筆者と湯浅誠が寄稿した。運動する側とメディアの側がどうかかわるべきなのかという参考になるべき論考だと思う。関係者の了解を得て、ここに再掲する（以下、放送批評懇談会『GALAC』2009年4月号より転載。原文ママ）。

☆クロス批評（湯浅誠）　貧困の「実相」を見せた無茶な番組

「派遣切り」で非正規労働者たちが問答無用で切り捨てられていく中、従来盛んだった自己

＊8　感動ポルノは、2012年にオーストラリア人の障害者で人権活動家だったステラ・ヤングが使った言葉で、「困難に耐えて頑張る障害者」などステレオタイプで描くことで障害者を「励まされる存在」「感動を与える存在」として消費するような表象する仕方を指す。2016年にNHKのEテレのバリアフリーバラエティ番組「バリバラ」が裏番組の日本テレビの「24時間テレビ」を批判するかたちでこの言葉を使ったことで大きな話題になった。

責任論は鳴りを潜めている感がある。無遅刻無欠勤で勤務態度も良好だった人が会社都合で解雇され、寮を追われてホームレス状態に追いやられているのだから、以前のように安易に濫用できなくなったのだ。

とはいえ、自己責任論を主張していた人たちが何かを反省しているかと言えば、それも違うだろう。表向きの主張を変えていくにすぎない。今、自己責任論者の主張は二つの方向にシフトしている。一つはミスマッチ論。もう一つがモラル・ハザード論だ。ミスマッチ論はつまり「大変だ大変だと騒いでいるが、募集したって来ないじゃないか、すぐに辞めちゃうじゃないか」というように使われる。たしかに切られたのはかわいそうだけど、本人たちにもがんばる気持ちが足りない、だから甘やかす必要はない、とモラル・ハザード論に接続していく。

これには、運動本体、そしてメディアの責任もある。これまでしばしば「本人ががんばっているのに、仕事がない。かわいそうだ」というトーンで主張してきたから、「仕事はあるじゃないか。本人に働く気が足りないだけじゃないか」と、ミスマッチ論が反論に使われてしまう。

しかし現実の貧困者たちは、仕事のはるか手前にいる人たちも少なくない。「ワーキング・プア」と一口に言われるが、就労との距離には相当の個人差がある。しかも生活上のハードルは一つではない。それを行政用語で「就労阻害要因」と言う。お金だけが唯一の就労阻害要因だったら、貧困問題の解決は簡単だ。そう単純でないところに、問題の複雑さ・難しさがある。

「ネットカフェ難民3」は、就労まで行き着かない現実の貧困者たちの姿をあまり加工せずに晒した点で珍しい番組だった。見方によっては意欲的だが、見方によっては無茶な番組だった。

意欲的というのは、現場で一人一人に向き合っている私たちにより近い所から、現場の困難を比較的ストレートに視聴者に投げかけた点。これまであまり報道されてこなかった貧困状態に追い込まれた人たちの生の姿が、単に「こんなにがんばって探しているのに、なかなか雇ってくれる所がないんですよ。かわいそうでしょ」というのとは違った形で描き出された。「貧困の実相」を伝えようとした意欲作だった。

無茶だというのは、貧困問題に普段から接していない視聴者にいきなり「実相」をぶつけた点。一般的に、メディアが当事者を「こんなにがんばっているのに……」というステレオタイプにはめ込むのは、別に悪意があってのことではない。そうでないと受け入れられないからだ。その意味で、右から左まで文字通りの不特定多数を相手にするメディアは、常に微妙なバランス取りを強いられる。その点からすれば、この番組は現場に近づきすぎた。

結果として、玄人には受けるが、一般的には少なからぬ反発を買う、という番組になった。話題を呼んだパート1、2の続編でもあり、貧困問題に社会的な注目が高まっているところでもあったため、問題を深める好機との判断だったと思うが、必ずしも目論見通りの結果にはならなかった。それだけ「世間の壁」は厚いということだろう。

しかし、厚いから諦めるというだけでは、壁は永遠に壊れない。コツコツと叩き続けるしかない。それは活動の現場も同じだ。そして、貧困の実相は取り上げられても取り上げられなくても変わることはない。結局、社会問題化に失敗し続ければ、問題そのものと同時に、当事者たちが取りこぼされていく。「おまえは、テレビに出たあの人たちのようにはがんばっていない」と言われて、そのとき、実像は虚像に食われる。

よって私は周到に準備された意欲的な失敗作が次々に生み出されることを期待する。そんな無茶な試みの蓄積によって、初めて壁は壊れるのだから。

☆クロス批評（水島宏明）　視聴者も専門家も納得させる形を探りたい

ドキュメンタリーを作るとき、われわれ制作者は「感動」や「美談」を求める。「分かりやすさ」そして「共感される人物」を探す。しかしテレビ特有のこの手法は、現実の奥底に潜む複雑な問題を逆に「見えにくく」している面がある。私自身、取材すればするほど、下手に編集するより素材をそのまま流したほうがよほどリアルだと思う瞬間がある。湯浅氏が指摘したのも、現実を掴みきれない物足りなさだ。

「ネットカフェ難民1」では、日雇いでけなげに働く18歳のヒトミさんが不安定な生活で「我慢する」「強くなる」などの戒めを手帳に綴って自らを励ます光景がある。一生懸命がんばっているのに報われない。そんな社会おかしくはないか。そういう流れで問題点を訴える

「文法」に添った番組。案の定、好意的な反響が多かった。

他方、湯浅氏が俎上に載せた「ネットカフェ難民3」。実の親を知らず育ての親にも捨てられ野宿生活に転落した元不良少年19歳のヤスジ君が主人公。NPOに支援されて生活保護を受け、安定した生活に向かっていく様を描いた。だが突然、彼は支援者に牙をむく。生活保護費を一度に使い切ってしまい支援者が金銭管理を指導すると「これでは夜遊べない、干渉しすぎだ！」と元不良少年丸出しで声を荒げた。

このシーンこそ、支援の難しさ、福祉システムで救い切れなかった彼の「傷」の深さを表している。貧困の実相を捉えたシーンと考えて私は「あまり加工せずに」編集した。判断は視聴者に委ねよう、と。しかし好意的な反応を見せたのは貧困問題の「玄人」ばかりで、視聴者の大半は「こんなワルを支援する必要はない」「税金のムダ使い」など否定的な反応だった。一般人は、がんばるヒトミさんは応援し、がんばらない（ように見える）ヤスジ君は自己責任だから支援しない、という姿勢。

だが貧困の真の問題は、がんばることもできないヤスジ君のような人にこそある。何故がんばれずに自暴自棄や無気力に陥るのか。社会の中で居場所や機会をずっと奪われ、自信や安心が欠如した環境で生きてきたから。貧困には生活の乱れ、精神の不安定などさまざまなマイナス要素を伴う。傷を心に負った彼らが普通程度にがんばれるようになるまで長い長い時間を要する。取材を重ねて私にも見えだした真実だが、一般の人に理解してもらうのは難しく報道しにくい問題だ。

テレビはとかく平均の視聴者を想定して「分かりやすい」表現をとる。貧困層の拡大を訴えるには、がんばっているのに報われない社会、という展開。これは、がんばらない（ように見える）人は自暴自棄で、落ちても仕方ないとの自己責任論を含む。ヤスジ君のような人物は登場させないに限るが、私はあえて彼を通してリアルな貧困の実相を注釈なしで視聴者に投げてみた。結果として「見方によっては意欲的だが、見方によっては無茶な番組」となった。

理想は、現場の専門家も膝を打つような複雑なリアリティを映し、かつ一般の視聴者も納得するような番組。現状はとかく後者に力点が置かれ過ぎだ。この二つを両立させる表現ができれば、テレビの報道的な可能性、知的な面白さはもっと広がるはずだ。そのためには壁を「コツコツ叩き続ける」ほかはない。

「貧困者」をメディアでどのように描くべきなのか。取材を深めれば深めるほど報道人が直面する課題だ。この問題はその後もときおり顔を出していく。

第２章

日本の貧困を可視化させた「派遣村」

◆「派遣」の増加をテレビはどう伝えてきたか

非正規雇用や派遣労働などの放送の時間が最長になるのは２００８年であった。東京・秋葉原で当時25歳の派遣労働者の男が自暴自棄になった末に無差別殺傷事件を起こした（男は逮捕・起訴されて殺人罪などで死刑判決を受け、コロナ禍が続く２０２０年７月に死刑執行）ほか、アメリカのリーマン・ブラザーズの経営破綻に端を発したリーマンショックによる世界的な経済不況で「派遣切り」「雇い止め」などと呼ばれた契約解除が横行。自動車メーカーなどの工場で派遣として働く製造業派遣の労働者が仕事とともに住まいを同時に失う「派遣切り」で失業者が路頭に迷った。

２００８年末から翌年始めにかけて東京・日比谷公園で行なわれた「年越し派遣村」はそうした人たちに食料や住居を提供する支援の場となった。

図5　「非正規社員」「非正規労働」「非正規雇用」「派遣社員」「派遣労働」「派遣雇用」の報道

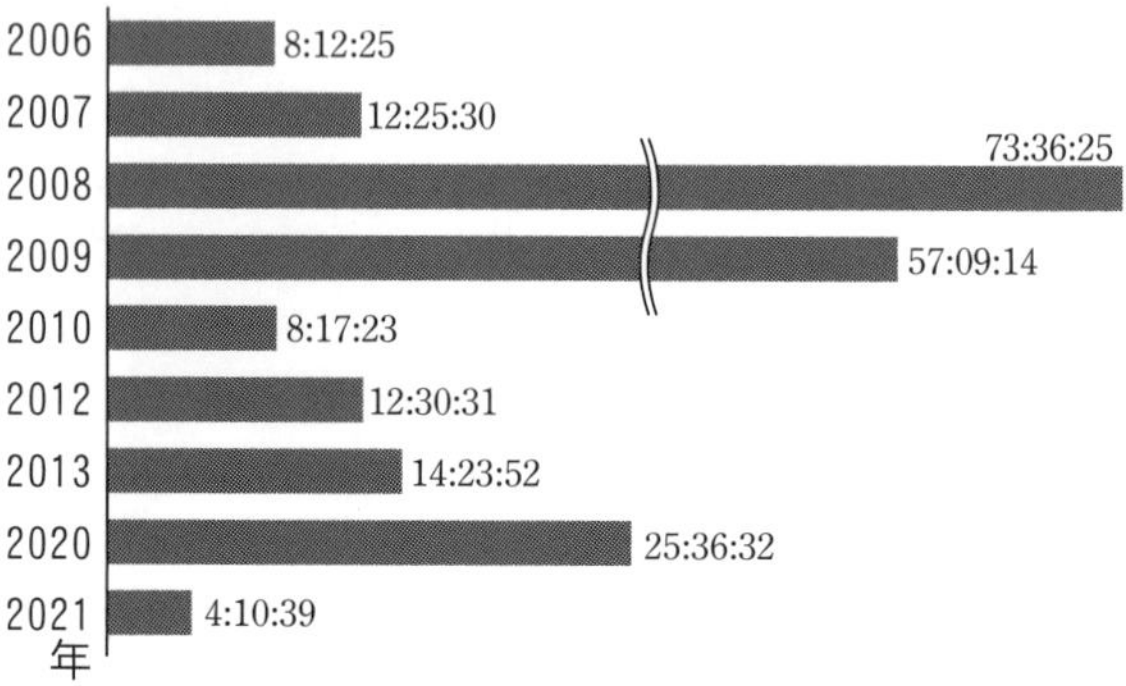

図5は、非正規社員、非正規労働、非正規雇用、派遣社員、派遣労働、派遣雇用で検索した番組の放送時間の年別の推移である。やはり、秋に「派遣切り」が相次いだ2008年が群を抜いて放送時間が長く、73時間36分25秒になっている。派遣切りは翌2009年も続き、衆議院選挙で大勝して政権を奪取した民主党政権によって2008年末から2009年始にかけても国や東京都が関与するかたちの「公設派遣村」が運営された。

筆者が制作したドキュメンタリーで振り返ると、この時期には派遣労働で働く人をテーマにして以下の番組を制作している。

◆NNNドキュメント「ネットカフェ難民4　日雇いハケン」

2008年11月23日に放送されたこの番組は、政府や国会で議論になっていた日雇いの原則禁止の動きを紹介しながら、日雇い派遣で働く労働者の視点に立って問題を考えた。当時の議論では、派遣労働者の労働組合が「低賃金・不安定な雇用の元凶」と批判していた派遣会社によるマージン率を規制することや「登録型」の派遣労働そのものについては改善しようという流れにはなっていなかった。

取材した26歳の女性派遣労働者は交通費や出発・到着などを派遣会社に連絡する電話代やFAX代なども自腹。集合場所での点呼役もしばしばやらされるが、その分の手当てもない。女性は「会社にとって私はボールペンなどの資材と同じ使い捨て」だと語る。夫婦2人日雇い派遣で働く中部地方のカップルも取材したが、不安定な生活ゆえに生まれたばかりの子どもを乳児院に預けて時々面会を繰り返す日々だった。日雇い派遣という働き方が家族のありようにも影を落としている現状を伝えた。

◆報道人もボランティアなどに参加した「年越し派遣村」

年越し派遣村には、ホームレス支援団体や労働組合などの関係者に加えて、弁護士、司法書士、医師、看護師ら様々な専門職のボランティアが参加していた。そして、筆者のように取材する側の報道人の中にもボランティアをやっていた人たちがいた。テレビ局のディレクターをやっている人が複数、相談の担当を買って出たりしていた。

その中でも特に異色だったのが毎日新聞記者の東海林智だった。彼は労働組合や労働問題に詳しい弁護士らが「年越し派遣村」を構想し、どんな顔ぶれでやるのかと協議していた段階から参加して意思決定にも関与していた。年越し派遣村といえば、「村長」になった湯浅誠の印象が強い。開催期間中のメディア向けの発信などは湯浅が一手に引き受けていたが、そもそも湯浅をメンバーに引き入れるアイデアを出したのは東海林であるという。

くわしいことは本書第Ⅱ部の彼へのインタビューを読んでいただきたい。取材する側が取材対象の内部に入りこむことはどこまで許されるのかには議論があるところだが、東海林はケジメとして派遣村の期間中はボランティアとして、そして「実行委員会」のメンバーの一人として活動することに専念して、書くことはいっさい控え、記者として記事を書いたのは派遣村の活動がすべて終わってから初めて経緯を記したという。

東海林が署名入りで「派遣村」について記した記事は2021年末までに64件あるが、うち2009年1月14日付の東京朝刊の「記者の目」は彼がなぜ実行委員会に参加したのか、その思いが伝わってくる文章になっている。

☆記者の目：派遣村で「住所不定」の過酷さ思う＝東海林智（東京社会部）

◇身につまされた人々が救援　行政・政治は真剣に引き継げ

おどおどと定まらない視線がこれからの我が身の不安を物語っていた。午前0時を回り、神奈川県から約20キロの道のりを歩いてたどり着いたという30代の男性は、凍えた手で野菜スープを受け取った。一口すすり「あーっ」と言葉にならない声を漏らした。聞けば、温かい物を3日も食べていないという。ストーブにあたると、こけたほおにようやく赤みが差してきた。

年末からの6日間を東京・日比谷公園に開設された「年越し派遣村」で過ごした。彼のようにろくに栄養も取れず、衰弱して村に来た労働者は大勢いた。久々の食事に胃けいれんを起こして救急車で搬送された人もいた。改めて、仕事と住居を突然奪われることの過酷さを思った。

派遣村が企画されたのは解雇や賃金不払いなどの相談に乗っている棗（なつめ）一郎弁護士の「目の前の1人を助けなくてよいのか」という一言がきっかけだった。その問いかけに私も賛同し、実行委員会に参加した。

労働問題に取り組む弁護士グループと労働組合は先月4日、労働者派遣法の抜本改正を求める集会を日比谷野外音楽堂で開いた。「約3万人の非正規雇用労働者が仕事を失う」との厚生労働省調査が発表された（後の調査では約8万5000人）こともあり、派遣法改正案の問題点を指摘する集会は盛り上がった。

ただ、集会だけでは仕事と住居を失った人を救えない。非正規雇用者から日々相談を受けている労組には、役所の閉まる年末年始に命の危機にさらされる人が出てくる事態の深刻さがすぐにのみ込めた。ナショナルセンター（全国組織）が違う労組が過去のしがらみを超え、わずか2週間で派遣村の準備をし、献身的に裏方として村を支えた。

村に集まった500人を通して改めて浮き彫りになったのは、住居を失うことが、再び仕事を得る上でいかに重い足かせになるかということだ。「仕事はいくらでもある」「えり好みをしている」。彼らに対するそんな批判が今回もあった。しかし、彼らは首を切られてから無為に過ごしたわけではない。わずかな所持金でネットカフェなどに寝泊まりしながら、次の仕事を探そうと必死にもがいてきた。しかし、住所のない人を雇う経営者はどれだけいるだろうか。人手不足と言われる職種に応募しても「住所不定じゃね」と雇ってもらえない。履歴書にはる顔写真を撮影する金もない。にっちもさっちもいかなかったのだ。

また、今回、村には昨年末に職を失った人だけでなく、数年にわたり野宿をしている人も大勢、炊き出しを食べにきた。カンパに訪れた人に「野宿者に飯を食わすために寄付したのではない」と詰め寄られたことがあった。だが、村では当初から、野宿している人も区別せず食事を出し、対応すると決めていた。それは、現状で野宿をする人も、かつて何らかの事情で仕事と住居を失っているからだ。実際、野宿が長い人に話を聞くと、以前派遣や日雇いの仕事をしていて、仕事を切られたことをきっかけに住居を失った人がたくさんいた。彼らは、昨秋以降の世界同時不況より早い段階で切られただけで、同じように不安定な雇用の中で働いていた。

派遣村は、そうした雇用の問題を目に見える形で世間に問いかけた。その問いかけへの反応が、1700人に上るボランティアであり、米、野菜など送られたさまざまな支援物資であり、4000万円近いカンパだ。困難な状況に置かれた人への同情もあろう。しかしそれ以上に、こうした働かされ方への怒り、何とかしなければとの思いがあったのではないか。初日から連日ボランティアで参加した都内の私立高校生は「こんなことを続けていたら僕らに未来はない。ここをきっかけに変えたいと思った」と理由を述べた。

厚労省は日々増え続けた村民に対応するため、実行委員会の要求を受けて担当部局が正月休みを返上し、講堂を開放した。一義的には都が対応すべき部分もあり大変だったとは思うが、幹部は派遣法が招いた雇用の現実を知る良い機会になったのではないかと思う。現場のハローワークや労働基準監督署で働く職員で作る全労働省労働組合は、履歴書用の顔写真の撮影ができる機材まで用意して、連日ボランティアで就労相談にあたっていたのだから。

派遣村は、幻の村ではなく全国にある問題だ。人が働くとはどういうことか。派遣法はこのままで良いのか。多くの市民が支えた命を、行政、政治が真剣に引き継いでもらいたい。

東海林は年越し派遣村実行委員会の一人として著した『派遣村　国を動かした6日間』(年越し派遣村実行委員会編、毎日新聞社・2009年）という書籍で、湯浅誠や弁護士の棗一郎らとともに支援者の側から見た派遣村について記している。派遣村では、助けを求めて全国から来た〝村民〟の寝床が課題になっていた。実行委員会では、野営のテントを設置し、それをシェルター（緊急避難所）にして夜を過ごさせていた。だが、連日の報道によって〝村民〟は日を追って増え続け、開村3日目に限界を超えようとしていた。

村長の湯浅が、テレビ番組の出演で同席したことがある自民党の衆議院議員で厚生労働副大臣を務める大村秀章の携帯に電話する様子が描かれている。

「夜は気温が下がる。何とかならないか」

放置すれば犠牲者が出る。そう警告した湯浅にしばらくして大村から電話が入った。

「私の判断で講堂を空けます」

緊急宿泊先として厚労省の講堂が開放されて、野外テントにいた〝村民〟たちの一部が夜になって「引っ越し」する様子を東海林はルポとして活写している。

〈歩いて五分ほどの講堂は、寒風吹きすさぶ公園に比べたら楽園だった。村民たちは「テントでも寝られて良かったが、実は土から寒さが上がってきて大変だった。ここは暖房も効いていて最高だね」「今晩は熟睡できそう」と口々に話した。〉

東海林のように「年越し派遣村」の実行委員会に入りこんで困窮者支援活動を手伝った人はかなり突出しているにせよ、当時の報道人、とりわけ取材現場で貧困問題を取材していた記者や番組ディレクターらの間では「これは日本社会が克服すべき深刻な社会問題」だという認識が共有されていたように思う。筆者も当時、取材で知り合った貧困者を支援団体に紹介したり、生活保護を求める本人に同行して福祉事務所に行ったりなどの活動を自主的に行なった。取材で知り合った困窮した人たちの境遇を自分の知りうる範囲でなんとかしたいという思いだった。「報道する役割」のジャーナリストが「支援する役割の支援者」になってもいいものか。逡巡しつつも、やむにやまれない気持ちだった。こうした思いは、東海林や筆者に限らず、この時期に貧困問題を深く取材した報道人には共通するものだったと感じる。

◆対照的だった派遣会社の経営者と派遣労働者

この時期、派遣労働者など「非正規」で働く者が、働く者全体の3分の1を占めるようになった。同じような作業をしていても、終身雇用で高い賃金と年功序列で待遇が安定している社員(正規雇用)と比較すると、低賃金で雇用の調整弁として景気の動向によって契約が解除される非正規労働者との格差の広がりが社会問題になった。

なかでも「不安定な働き方」の象徴のように報じられたのが「日雇い派遣」と呼ばれる、最短ではその日ごとの雇用で様々な現場に派遣される派遣労働だった。日雇い派遣の大手だったグッドウィルやフルキャストなどが六本木や渋谷などの超高層ビルにオフィスを構えたのに対し、日雇い派遣で働く者はしばしばネットカフェで睡眠をとる「ネットカフェ難民」として過ごすケースが目につき、両者は対照的に描かれた。バブル経済期にシンボル的なディスコ「ジュリアナ東京」をプロデュースした折口雅博がグッドウィル・グループ会長だったことも話題を呼んだ。

放送時間のグラフで見ると、図6で「日雇い派遣」の放送時間が2007年と2008年が突出していて2008年がピークとなっている。最大手企業のグッドウィルで給与からの違法な天引き、適用除外業務への派遣や二重派遣などの違法な派遣、偽装請負などが2007年に相次いで発覚。2008年に事業停止、さらには廃業に追い込まれたことが大きく報道された。それが

図６　「日雇い派遣」「製造業派遣」の報道

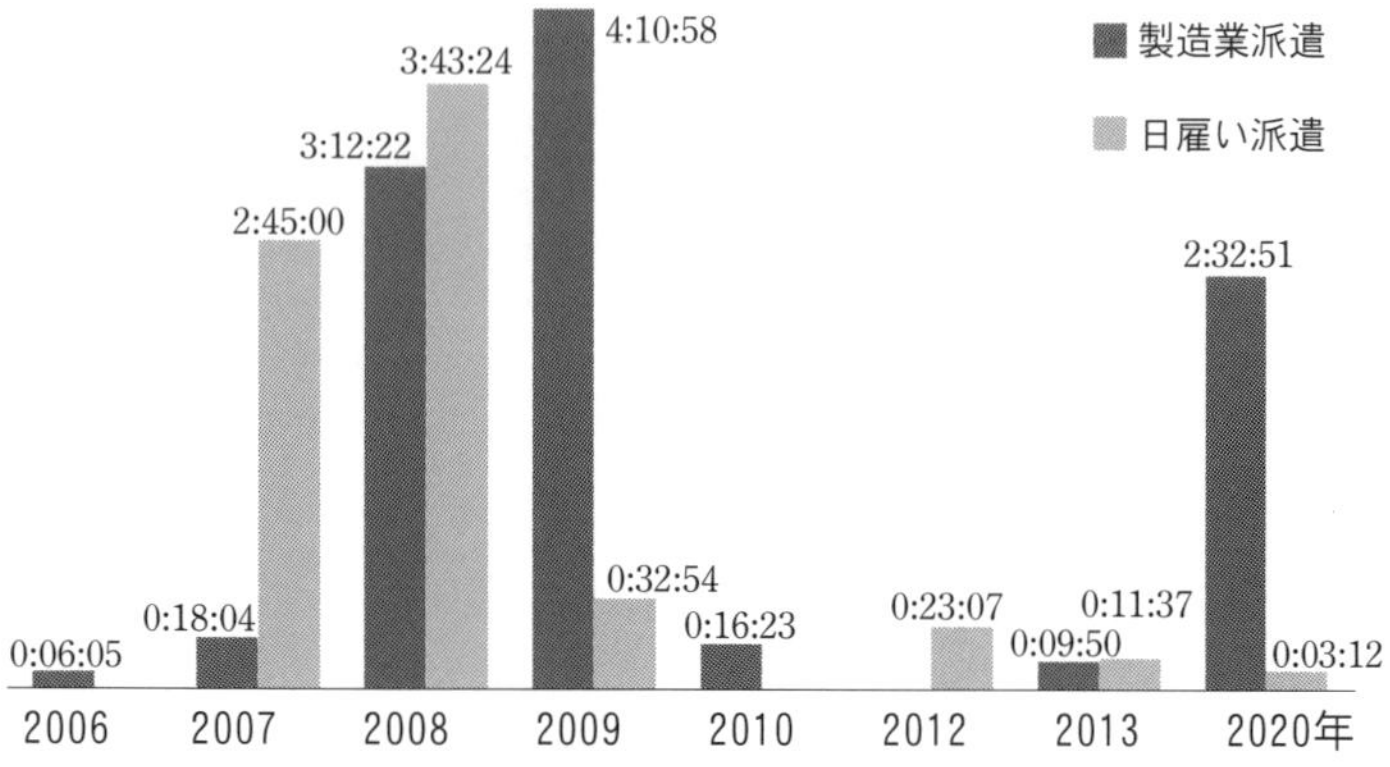

放送時間増大に寄与している。

製造業派遣の報道の推移を見ると、「日雇い派遣」のピークが２００８年だったのに比べ、「製造業派遣」のピークは１年遅れて２００９年になっている。日雇い派遣は、その象徴とも言えた企業であるグッドウィルが２００８年７月末に廃業したことが報道のヤマ場となり、その後に派遣労働の焦点は製造業派遣を禁止するかどうかに移った。特に、製造業派遣の禁止をマニフェストに盛りこんだ民主党が２００９年８月末の衆議院選挙で圧勝して政権を獲ったことから議論が続き、報道のテーマになった。また、２０２０年にも改正労働者派遣法が施行され、同一労働同一賃金を求められることになったことなどでやや高い頂きがあることも特徴的だ。

◆テレビ報道に見る支援活動のあり方

リーマン期やコロナ期をとおして、生活困窮する人々に対する支援活動がどのように行なわれてきたのか。それがどう報道されてきたのかを放送データで検証してみると、次のようなことが判明する。それは「食料配付」を一つの支援方法としながら、それだけに終わらず、さらに加えて弁護士や医師、支援制度にくわしい様々な専門家などが当事者の「相談」を実施することで一人ひとりの状況に応じた支援をする、「食料配付＋相談」がセットになったタイプの支援が定番になってきたということだ。

経済状況が悪化して生活困窮者が増えると、困窮者を支援する活動が活発になる。困窮者対象の電話相談や対面での生活相談などの支援が増え、食料配付と相談がセットになって行なわれるケースも出てくる。そうした活動がニュースなどのトピックとしてテレビで報道される。リーマン期とコロナ期でそうした支援活動がどのように報道されたのかをデータから見てみよう。

支援活動を行なう団体として登場する団体はいくつかある。「反貧困ネットワーク」「もやい」「ＴＥＮＯＨＡＳＩ」「つくろい東京ファンド」などが主なものだ。放送時間の合計で見る限り、リーマン期とコロナ期の双方で頻繁に報道に登場するのは「反貧困ネットワーク」（同団体の派生形である「反貧困たすけあいネットワーク」も含む）が圧倒的に長い。

支援の内容に注目すると、ホームレス支援で実施されてきた「食料配付＋相談」という支援スタイルが「年越し派遣村」や翌年の「公設派遣村」などで一つの統一スタイルとして全国的に行なわれている。同じ「派遣村」の名称で福島などの地域でも行なわれたこともデータから読み取ることができる。こうした支援がコロナ期でも引き継がれている現状がわかる。

◆リーマン期の支援スタイルがコロナ期にも

2021年3月以降にNHKのキャンペーン報道で注目を集めた「生理の貧困」は、民間の支援活動にも影響を与えて「生理用品の配付」も次第に増加している。テレビが議題設定機能を果たし、当事者がより必要とする支援のあり方に一石を投じたケースとして評価できる。記録では詳しく記述されていないものの2021年に行なわれた民間の支援では「食料配付＋生活相談」を実施した少なくない現場で「生理用品の配付」も行なわれていた。TVメタデータのニュースの記録には「約200食の弁当や生理用品などの日用品も配布された」などと記述されている。

こうしてみると、NPOなどを中心とした民間の支援団体による困窮者支援はリーマン期の2008年末から2009年始の「年越し派遣村」で食料配付と生活相談を組み合わせる「セット」として定番化し、テレビでも報じられるかたちが定着した。こうした現場にいる支援団体の関係者に聞いてみると、食料支援はあくまで応急的な支援として大事だが、できれば個々の困窮者の生活状況などを聞かせてもらって必要とする医療や福祉、住宅支援などにつなげて本格的な生活立て直しを図りたい、と口を揃える。だが、多くの困窮者が食料だけ受け取り、相談のコーナーにはなかなか立ち寄ってくれない、というのも共通する課題だという。

多くの場合、炊き出しとして食料配付が行なわれる場面が映し出され、その列に並ぶ困窮者の個人的な「エピソード」が報道されるパターンになる。こうした支援の現場が個々人の「エピソード」提供の場としても活用されている。

TVメタデータの記述によると、2021年4月13日放送の日本テレビの「news every」の特集はそうした炊き出しの場にいた困窮者を「派遣切りに遭い2020年12月から生活保護を受けている30歳の男性は、東京都の専門人材育成訓練で求職者を対象に授業料を無料にする職業訓練制度に応募した。男性は2週間前に調理師専門学校の面接を受けた。元個人事業主の男性は4か月前から路上で生活していた」と紹介した。このように「支援」の現場が「取材」の現場にもなって、報道では共有されていることがわかる。

◆「派遣村」で困窮者に支援者が同行して生活保護申請へ

2008年、2009年にかけても生活保護の報道は増加する。2008年末から2009年始に実施された支援活動〝年越し派遣村〟に救済を求めた困窮者たちが弁護士らの同行支援を受けて集団で生活保護の申請を行なったことが一つの要因になっている。

TVメタデータの記録だけでは、生活保護の申請に支援者が「同行」したかどうかは明確ではない。ただ、2009年始の年越し派遣村の生活保護申請に関する報道では、「集団」「同行」などという言葉が記録上も残っている。支援者が「同行」するかたちで申請が行なわれたことが読み取れる。同年は支援者が同行する様子を複数の番組のテレビカメラが撮影している。

筆者も経験があるが、当事者が生活保護の「申請」についての法律や手続きをよく知らないこ

図７　貧困報道の「支援タイプ」の推移

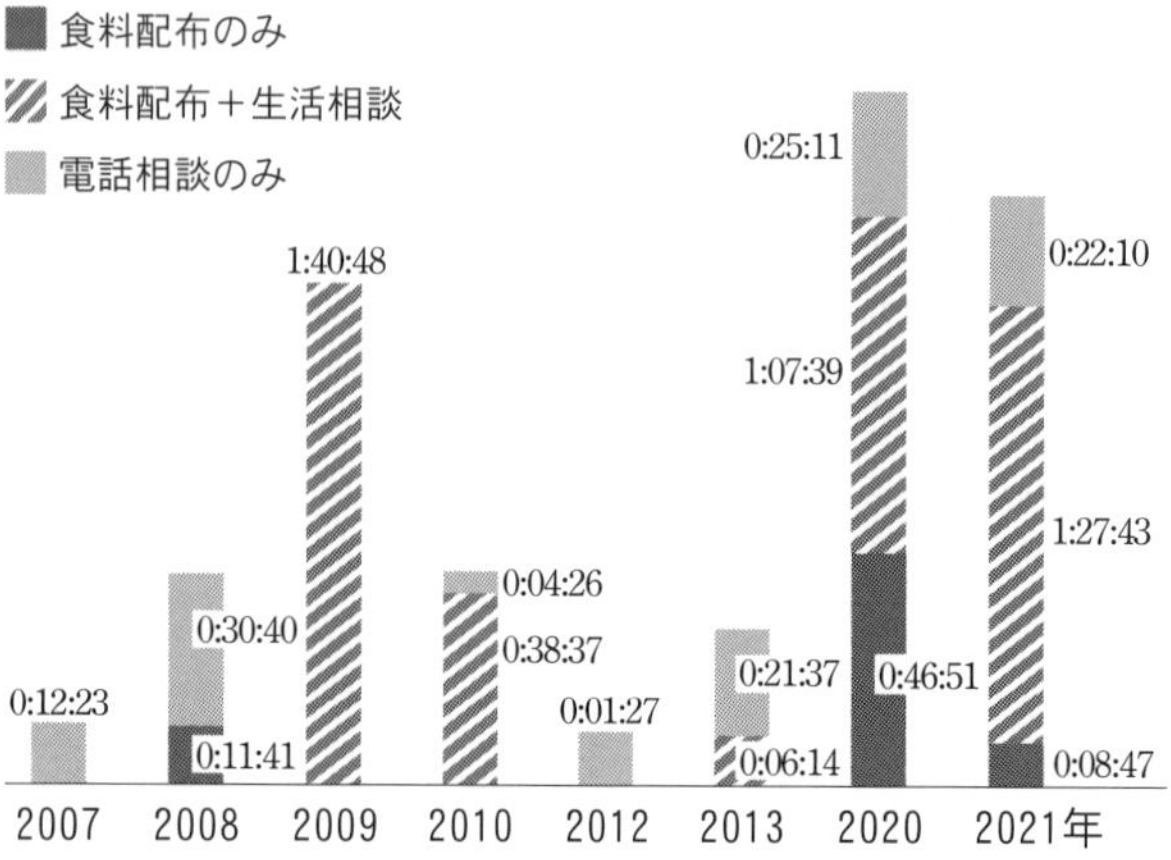

とをいいことにして、福祉事務所が申請という正式な手続きに載せる前にあれこれ難癖をつけて申請を思いとどまらせることが水際作戦だ。同様にすでに受給中の人に対してもあれこれ難癖をつけて本人が辞退する形で辞退届を書かせて打ち切ることもある。このため、少しでも制度などについて知識のある同行者がいると、水際作戦で福祉事務所が申請を拒むことは困難で申請が受理されることが大半だ。福祉事務所に生活保護法の精神を守ってもらう運用をさせるのが、同行の目的だと言える。

ＮＰＯや労働組合などの「支援」に注目して抽出すると、２００９年は「申請同行」に分類できる支援が多い。年越し派遣村の支援者たちが相談後に福祉事務所に付き添い、生活保護の申請に同行したという報道だ。図７に見られるように生活困窮者向けに「食料配付」と対面の「生活相談」を組み合わせる支援が２００８年末から2009年始の〝年越し派遣村〟と2009年末から2010年始の〝公設派遣村〟でほぼ踏襲されている。これに申請での「同行」がセットになっていたのが〝派遣村スタイル〟ということができるが、このスタイルの支援は2020年、2021年のコロナショック期の支援にも事実上引き継がれていることが放送記録からも読みとれる。

「生活相談」の内容を個別に見せた例として、2010年12月20日放送のNNNドキュメント「反貧困のオンナ　弁護士・十萌子の日々」がある。「当事者に寄り添う」をモットーに反貧困の弁護士活動に取り組む埼玉県さいたま市の女性弁護士の日々に密着したドキュメンタリーだ。

弁護士が駅の近くで野宿する人たちの相談にのって福祉事務所への申請に同行する場面も登場する。夫のDV（家庭内暴力）から逃げようと助けを求めてきた女性。賃金を二重にピンハネされた労働者やヤミ金と呼ばれる違法な貸金業者の取り立てに弁護士は立ち向かう。貧困問題の周辺には解決すべき様々な問題があることが判明する。万引き常習犯で逮捕された主婦の弁護を担当して調べてみると、本人はクレプトマニア（窃盗症）という、アルコール依存やギャンブル依存、摂食障害などにもつながる依存症だとわかる。弁護士は「この人に本当に必要なのは、刑務所ではなく専門の医療機関」だと判断し、情状酌量を求める弁論を展開して執行猶予判決を勝ち取り、被告を群馬県にある専門病院に送り出す。貧困問題の支援にもいろいろなアプローチが必要なことを物語る番組であった。

◆生活保護を食い物にする貧困ビジネス

2008年以降、主にホームレスなどの生活困窮者を収容して生活保護費をピンハネする無料低額宿泊所など、悪質な施設の存在が社会問題化して大きく報道されるようになった。

無料低額宿泊所は行政に届け出たうえで第2種社会福祉事業として法律に基づいて設置された福祉施設だが、個々人に支給される生活保護費からほとんどを食費や宿泊費という名目で中抜きする業態もあり、「誰にも頼れなくなった存在の、その寄る辺なさにつけ込んで、利潤を上げるビジネス」[*1]と批判された。

困窮状態にある人をより困窮した状態にさらに追い込む「貧困ビジネス」だとして反貧困ネットワーク事務局長（当時）の湯浅誠らが問題視し、弁護士らが現状を調査する活動も相次いだ。無料低額宿泊所として自治体に届け出る施設もあれば無届けで運営されている施設もあるなど、様々な実態も明らかになった。受給者本人の同意がないままに生活保護費が直接本人の元に渡されず、本人名義の銀行口座を施設側が管理して抜き取る実態もあって、業者側による一種の「不正受給」として報道された。

これも2008年、2009年と大きく報道され、トピックになった。無料低額宿泊所についての報道は2008年の25分42秒から2009年には4倍以上の1時間54分32秒と急増しているが、増加の背景には年末年始の「年越し派遣村」が挙げられる。

派遣村で支援を求めた困窮者の中には住居を失って路上生活を余儀なくされた人たちがいた。そのなかには明確な合意がなく、路上で誘われて無料低額宿泊所に住まわされて生活保護費を不当にピンハネされていると訴え出て助けを求める人たちがいた。そこで湯浅や派遣村にかかわった弁護士らが無料低額宿泊所や同様な施設を調査して告発するなどの活動を行なった。当時、筆者も取材陣の一員として報道に携わった人間として経緯を記憶するところである。

◆NNNドキュメント「生活保護ビジネス　福祉施設の闇に迫る」

2009年7月20日に以下の内容のドキュメントが放送された。

〈家電を修理する仕事で食いつなぎ、サウナや公園で寝泊まりしていた60代の男性。ある日、公園で見知らぬ男から声をかけられた。「寝ているだけで食事と寝床が保障される所がある。小遣いももらえる」という。NPO法人が運営する第2種社会福祉事業でホームレスなどに無料や低額で居室を提供する「無料低額宿泊所」だった。行政には届け出ることで存在そのものは合法だが、宿泊所を住所として生活保護費を受給する。しかし、部屋代や食費などの名目で経費を引かれ、本人の手元には1、2万円しか残らないという場合も多い。調べていくと、無料低額宿泊所としての届け出もしていない無届け施設も多数見つかった。

＊1　湯浅誠著（2007）『貧困襲来』（山吹書店）

ベニア板で仕切った空間に2段ベッドが並ぶだけという劣悪な居住空間のところもあり、生活保護費の支給日の様子を取材すると、ある団体では入居者の銀行カードを強制的に預かって施設側が保護費を引き出していたり、支給された現金を施設関係者がそのまま袋ごと集金していたりと、本来は受給者本人が受け取るべき生活保護費が「業者」に渡っている様子を記録することができた。ホームレス支援をするNPO「もやい」の湯浅誠事務局長や棗一郎弁護士らは「生活保護ビジネス」として批判して行政に改善を求めた。番組の概要は以上であった。〉

生活保護費など当事者に支給されるべき「福祉の金」をかすめ取る人々を取材したのは筆者にとって初めてではなかった。

NNNドキュメント「喰いものにされたキヨシさん　誤認逮捕・闇の構図」（2005年8月28日放送）では、暴力団まがいの男が私的に管理する安アパートに、重度の知的障害者や高齢者らが集団で住まわされて食事を提供されるかわりに障害年金や生活保護費の大半を奪われていた実態を弁護士らと一緒に究明して報道した。貧困につけこんで本来は当人しか受け取ることができないはずの公的な福祉手当を奪いとろうとする人間たちが存在することを伝えた。

◆生活保護老齢加算と母子加算の復活が政策論議に

この時期、生活保護費のうち立場によって特別な需要があるとして上乗せのかたちで支給されてきた老齢加算と母子加算が自民党政権によって廃止された。この是非がその後に裁判にもなったが、野党だった民主党が２００９年の衆議院議員選挙の公約として母子加算の復活を掲げて大勝し、政権交代を果たすと復活させる過程で政策論争が続いた。

２００６年以降の生活保護のトピックとしては老齢加算の廃止や母子加算の廃止がある。特に母子加算は政権交代で復活したことで報道量が急激に増加した。放送時間が多くなっている。

２００９年はこれらの要因が重なり合って、生活保護についての報道時間がそれまでの数年間では最長となっている（図3を参照）。他方で「生活保護受給者の世帯数や予算額などが過去最多」だとして受給者の増加を懸念する報道も２００９年、２０１０年と増え、ついに２０１２年にはそれまでの流れを一変させるような報道へとつながっていく。「生活保護バッシング」と呼ばれ、生活保護受給者を萎縮させ、滝のように一度に周辺を巻きこんでしまうような大量の報道の流れだった。

以下、2つのNNNドキュメントを紹介する。ひとつは、NNNドキュメント「18万人の政権交代　母子加算はこうして復活した」（２００９年11月29日放送）だ。

この番組は２００９年9月の衆議院選挙で政権交代を訴え、「政権交代の一丁目一番地の政策」として生活保護の「母子加算の復活」を訴えていた民主党（当時）の山井和則候補に密着したものだ。衆議院議員として再選後に厚生労働大臣政務官として奮闘する様子を取材した。

民主党が衆院選でマニフェストに掲げていたにもかかわらず、実際には「母子加算の復活」に際しては財務省の抵抗が強く、山井にとって道のりは簡単ではなかった。

他方で札幌と京都で生活保護を受けながら暮らしている母子家庭の生活を撮影し、母子加算の廃止で暮らしがどれほど追いつめられたのか、母親や子どもたちの声から実感を聞いた。

一方で政権交代とともにそれまで貧困問題で困窮者支援の現場の活動家として発信してきた湯浅誠を取材し続けていた。彼は政府のアドバイザーとして政策決定に関与するようになった。生活困窮者の相談にあたって支援活動をしながら、ときに政治や行政に対して外から「貧困問題を解決してほしい」などと要望を申し入れる立場から、一転、政府の中に入って具体的な政策プランをつくる立場になったのである。

その様子を取材したのが、NNNドキュメント「カツドウカ、政府へ　反貧困・湯浅誠の1年」（2010年2月21日放送）。番組のホームページの紹介文は以下である。

〈「ネットカフェ難民」も「貧困ビジネス」もこの人が着目したことで社会問題になった。「反貧困」の活動家、湯浅誠。1年前「年越し派遣村村長」として一躍、名を馳せた。頭脳明晰、冷静沈着が代名詞の理詰めの人。

その彼が2009年10月、政府に入った。肩書きは「内閣府参与」。年末年始に派遣村をつくらなくてもよい体制をつくる、という鳩山由起夫首相からのミッションを帯びることになった。しかし、失業者・困窮者支援策の青図を描く彼の前に、行政の縦割りや国と自治体との確執など「役所の論理」が立ちはだかる。代々木にできた「公設派遣村」でも相談体制やケアの不十分さが目についたとき、彼はついにキレた。3年間、湯浅氏に追跡してきたカメラが「参与」としての日々の裏側に迫る。〉

第3章 集中豪雨のような「生活保護バッシング」報道

◆わずか1か月で1年分の報道量に匹敵した芸人の親族の受給問題

本章では、2012年を「貧困」をめぐる報道の大きな転機と考えて、2012年と翌2013年の放送データを分析対象にしている。

2012年はお笑い芸人の親族の生活保護受給がテレビで大きく批判され、「生活保護」がこれほど長時間にわたって集中的に放送された時期はかつてなかったという個人的な皮膚感覚があったため分析対象にした。貧困問題や生活保護について専門性を持つ記者や番組制作者としてテレビ報道の現場に長くいた筆者の実感である。

専門記者といえども、通常、ニュース番組などで生活保護という公的扶助について時間を割いて報道する機会は民放では1年で1、2回程度。それも6、7分間がせいぜいだ。それが201

2年の「生活保護バッシング」の時期は短期間に様々な番組で数十分間あるいは1時間以上、数日にわたって報道した。衝撃的だった。この時期のテレビ報道を量的に検証してみたい。

図3（34ページ参照）では2012年の「生活保護」のテレビ報道の時間は合計50時間49分19秒で、本書の調査期間で最長の年となっている。

年越し派遣村での申請同行やこの時期に反貧困ネットワークなどが問題提起した無料低額宿泊所の問題で35時間を超えた2009年をも大きく上回っている。お笑い芸人の親族が生活保護を受給したことが「不正受給」として大きく報道されたことや、それをきっかけとして生活保護の「見直し」議論が政治的な課題として繰り返し報道されたことが大きく影響している。

人気お笑いコンビで高額所得者とされた次長課長の河本準一の母親が生活保護を受給していたとする週刊誌報道が発端になって、2012年5月25日にテレビカメラの前で河本本人が謝罪した。記者会見はテレビ中継されて「不正受給」などのテロップとともに長時間報じられた。数日後には別のお笑いコンビ・キングコングの梶原雄太の母親についても同様の問題で梶原の謝罪会見が報じられた。主として民放の「情報番組／ワイドショー」で連日、報道されることになった。

「不正受給」というテロップで報じられた河本のケースは、受給者が資産や収入を隠していたなどの刑事事件としての詐欺に該当する不正受給のケースとは異なるものだった。河本が扶養義務者としての義務を果たしていないとされたケースだ。番組がテロップで「不正受給」と掲げながらナレーションなどではこの件を不正受給だとは断定しないという曖昧さと不正確さが目についた。成人した子どもに高齢の親に対する扶養義務をどこまで求めるべきなのかは議論があり、個人主義の強い欧米では日本とは異なる対応の国がある。そうした情報は一切伝えられず、この2人の芸人に対する批判一色の報道が19時間18分44秒になっている（図8）。芸人の親族についての報道が集中した期間は２０１２年の5月17日から6月27日にかけてだった。

「生活保護」についての放送時間は図３で２００７年に17時間52分46秒、２００８年に17時間52分59秒だが、この時期の1年間の放送に匹敵するほど長時間の放送が２０１２年にはわずか1か月程の間に放送されている。番組ジャンル別で見ると、「ニュース／報道番組」の９時間６分6秒より「情報番組／ワイドショー」の方が10時間12分38秒と長くなっている（図8）。さらに民放に限定して比較すると、前者は4時間38分26秒に対して後者は9時間20分56秒と倍以上の差がついている。

図８　「芸人の親族」の生活保護受給報道

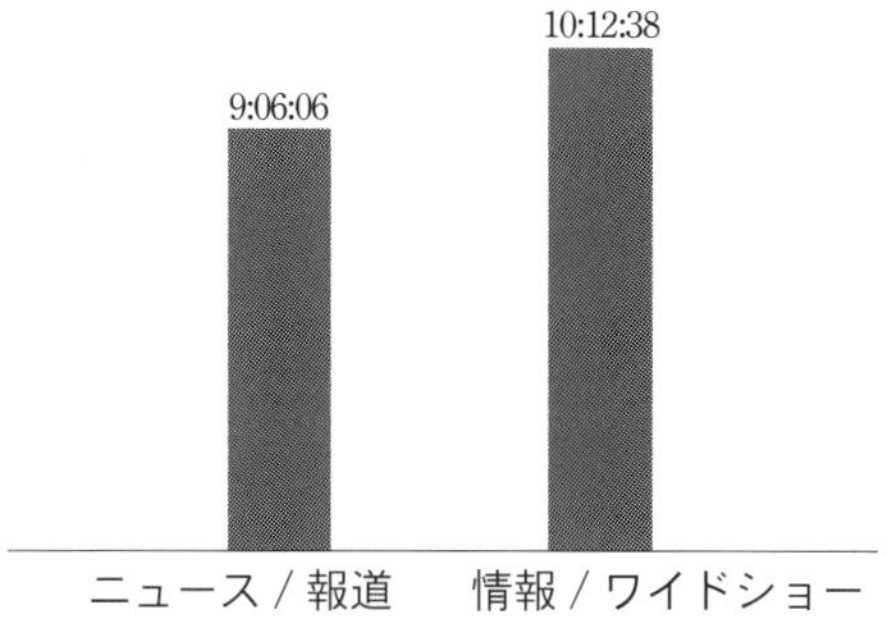

◆一気に増えた「不正受給」の報道。しかも正確さを欠いていた

２０１２年に起きた芸人の親族の報道だけでなく、関連して生活保護の「不正受給」について

図9　バッシング「前」「後」の“不正受給”報道

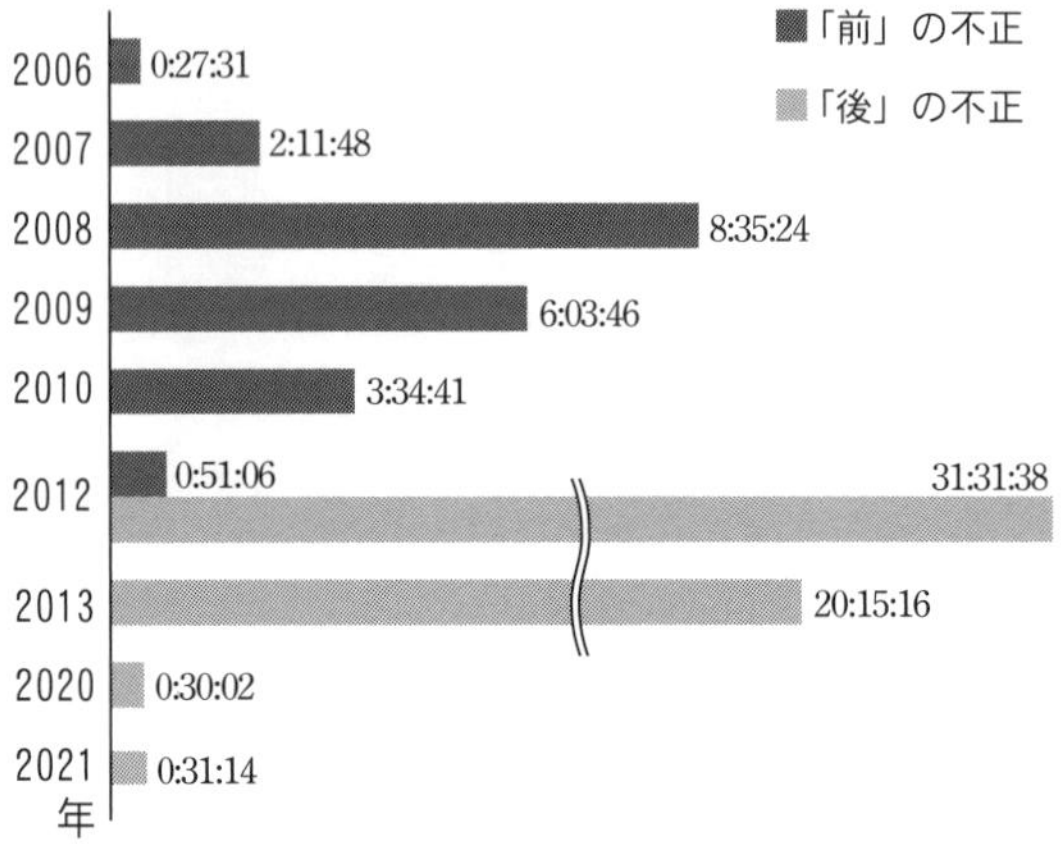

の報道や、自治体職員の親族の受給者について扶養義務調査（扶養照会）を行なったところ「不正受給」が見つかった、などのニュース報道も続いた。

この時期、民放の「情報／ワイドショー」では、稼働年齢層で生活保護を受給している人たち（合法的な受給者）の割合を「不正受給」の割合としてキャスターが混同して紹介したり、「友人で不正受給をしている人を知っている」と話す若者のインタビューを裏づけも示さずに放送して「安易な生活保護受給が増えている」とキャスターが怒りを見せながらコメントしたりと、正確さを欠いた報道が相次いだ。

従来の正確な意味では不正受給と必ずしもいえないケースまで「不正受給」だと断定的に報道していた。生活保護の制度そのものの信頼を揺るがす、制度に対する「バッシング」ともいえる批判一色の報道だった。数多くの生活保護受給者を取材した経験がある筆者からみれば、生活保護の受給者層全体を一括りに「不正受給者」だと決めつけているような乱暴で差別的ともいえる放送が相次いだ時期だった。

こうした「生活保護バッシング」以降に生活保護の報道はどう変化したのか。「生活保護バッシング」の前と後とをわけて報道量を比較してみた。5月25日の河本準一の記者会見を分岐点とし、それ以降をバッシングの「後」とし、その「前」に放送されたものと区別した。

厳密には不正受給といえないものも「不正」とする不正確な報道が続いた時期だったが、テレビ番組が「不正」と伝えた「不正受給」についての放送時間の変化を見たのが図9だ。

2012年になって、バッシングの「後」に「不正受給」の報道が格段に増えていることがわかる。バッシングの「前」には多い年でも年間9時間に満たなかった「不正受給」の報道が、バッシングの「後」は3倍を超える31時間以上になっている。2013年も前年よりはやや減ったとはいえ、「不正受給」に20時間以上が費やされている。

図3では2012年には全体で51時間近くが生活保護について報道されているが、図9からはそのうち31時間以上が「不正受給」関連の報道だということがわかる。生活保護という公的扶助制度について、これほどの時間が「不正」について費やされることは制度に対する信頼を根本的に揺るがすような尋常と言えない報道が集中したと評価するしかない。

図10　バッシングの「前」と「後」の生活保護制度をめぐる政策報道

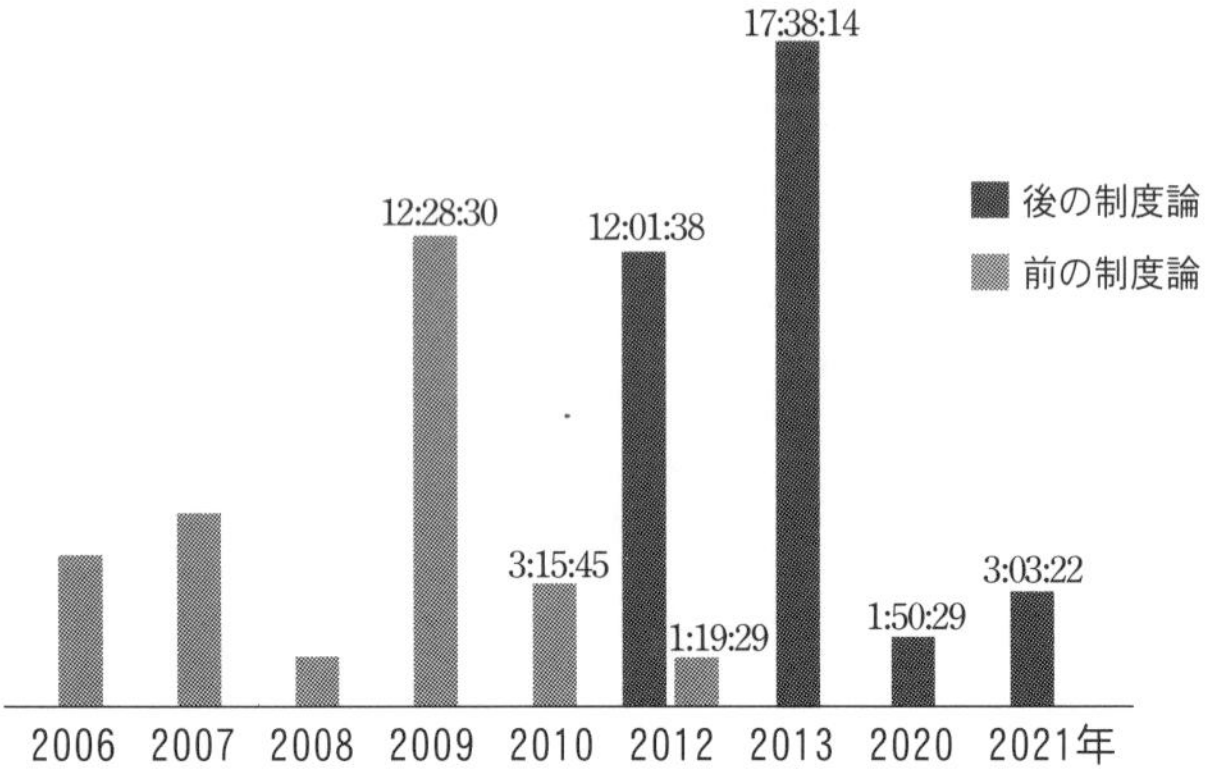

◆生活保護制度「見直し」議論が進んだ

バッシングの後における生活保護制度についての国会や審議会、地方自治体などでの政策議論に着目して放送を比較すると、２０１２年に12時間１分38秒、２０１３年には17時間38分14秒も放送され、生活保護制度の「見直し」の議論が一気に進んだことが読み取れる（図10）。政策の内容としては「調査権の強化」「生活保護費の引き下げ」や２０１３年の兵庫県小野市の「パチンコ通報条例」の放送時間が長い。小野市の条例は、生活保護受給者がパチンコをしているところを目撃した人に市への通報を義務づけるという全国でも前例のない条例で、生活保護受給者への人権侵害につながりかねないという批判が根強くあったものの、成立した。

◆「最後のセーフティーネット」である生活保護法の改正

「生活保護法」に絞って報道時間を見てみると、時々の政権との関連で影響を読むことができる。2009年の衆議院議員選挙で野党だった民主党は自民党政権下で廃止されていた生活保護の母子加算の「復活」を公約として掲げ、圧勝して政権交代を果たした。

民主党政権では母子加算を復活させただけでなく、生活保護を申請する際に所管する地方自治体の福祉事務所と、職業紹介などを担務する国の出先機関ハローワークとが互いに行政機関同士で連携しないのは縦割りの弊害が大きいと、一つの窓口で一度に相談できる「ワンストップ・サービス」を政策として推進しようとした。内閣府参与として関わった湯浅誠が大きく影響していたが、放送実績を見る限り、ワンストップ・サービスは2009年には1時間20分16秒報道されたものの、翌2010年の報道はわずか3分41秒と、以降あまり話題になっていない。

2012年の「生活保護バッシング」を機に、生活保護の「見直し」議論が国会などで繰り広げられ、2012年12月の衆議院選挙では自由民主党が圧勝して自民党中心政権へと政権交代が起きた。結果として2013年に、生活保護の厳格化と扶養義務調査の強化を骨組みとする生活保護法の改正案と「生活保護の手前のセーフティーネット」としての生活困窮者自立支援制度を設ける生活困窮者自立支援法案が国会で議論された。

「生活保護法」という法律そのものが言及された放送時間で比較すると、比較的長かったのが北九州市などでの生活保護の申請や打ち切りをめぐって餓死・孤独死・孤立死が話題になった2007年には18分45秒になっている。母子加算の廃止と復活が衆議院選挙の争点になり、実際に復活した2009年には28分13秒になっている。芸人の親族の「不正受給」が大きく報道されて、扶養義務調査の徹底、不正受給対策の厳格化など生活保護の「適正化」や生活保護の「見直し」議論が国会などで繰り広げられた2012年にはさらに増えて39分29秒放送されている。

しかし、それらの年を大きく超えて群を抜いて長かったのが2013年で、5時間21分59秒に増えている。国会審議で生活保護法の改正審議が活発になって生活保護法の運用の厳格化、すなわち「適正化」や医療扶助の厳格化や抑制、さらには最低賃金と比べた場合に生活保護基準額の方が高い〝逆転現象〟の解消と生活保護基準の引き下げが争点として繰り返し報道された。この年、生活保護法改正をめぐる報道が一気に増えたことがわかる。

◆「ナマポ」…ネットの俗語をめぐる生活保護の報道

2012年には民放の「情報／ワイドショー」においては週刊誌の見出しをそのまま引用して、生活保護を安易に受給する若い人が目立つなどと報じる番組が目についた。何が「安易に受給」なのか根拠は示さず、独自に検証することもなく、視聴者に結論だけを伝えた。

特徴的だったのが、番組や自局で独自取材した部分がごくわずかで、「若年層の受給の急増で、制度をナマポと呼び、インターネットの掲示板で受給方法の情報交換を頻繁に行なっている」（テレビ朝日「ワイド！スクランブル」）とか、「ネット上では、生活保護を『ナマポ』と呼び、受給方法を指南する掲示板もある」（TBS・NEWS23クロス）などと、他メディアの情報を自ら検証することなく紹介した番組だ。特に、民放では「ニュース／報道番組」と「情報番組／ワイドショー」を問わず、週刊誌やネット情報を根拠に「ナマポ」をトピックにして受給する「若者」と結びつける報道が行なわれていた。

同年に「ナマポ」をめぐる報道時間は50分26秒で大半は「生活保護バッシング」の時期の5月に放送された。12月には新語・流行語大賞の候補に「ナマポ」がノミネートされたことが報じられたが、「受給者への差別」を助長する懸念から最終的に候補から外された。

◆生活保護制度「見直し」にともなって登場した生活困窮者支援制度の報道量

生活保護は国政選挙での争点にもなった。2009年の衆議院議員選挙で民主党が政権公約に「母子加算の復活」を掲げ、政権の奪取後に実現させた。

2012年衆院選挙では自由民主党が政権公約で「生活保護費1割削減」を掲げ、政権に復帰後にすぐ実現させている。生活保護の基本となる生活扶助費を3年間で最大1割削減するという削減は戦後に生活保護制度が誕生して以来最大の下げ幅だった。引き下げの理由として「物価下落の反映（デフレ調整）」が初めて加えられた。

2013年には改正生活保護法とともに「生活保護の一歩手前のセーフティーネット」を掲げ

る生活困窮者自立支援法が可決され成立した。朝日新聞のデータベースで検索すると、２０１２年、２０１３年で「生活保護の見直し」の２法案として32件の記事が登場する。同期間の「生活保護」の関連記事２６１８件より少ないとはいえ、新聞で現場の期待や戸惑いを伝えている。

（朝日新聞２０１３年12月30日）

見出し：困窮者の自立進むか　生活保護手前で支援、新法成立

リード文：働き口が見つからず生活に困る人をどう支えるか。就労、住居確保から子どもの学習支援まで、新たな取り組みを自治体に求める生活困窮者自立支援法が今月、成立した。施行は２０１５年４月。手薄だった生活保護手前での支援がようやく動き出す。ただ現場では様々な課題も浮かび上がっている。

仕事や住まいを失った人に対する相談支援、就労支援や住宅支援などを組み合わせた総合的な支援の枠組みとして作られた生活困窮者自立支援制度。しかし、２０１５年４月に施行された後、困窮者が急増するコロナ禍でもあまり注目されず、新聞ではある程度報道されたのに比べるとテレビではあまり報道されていない。

貧困、困窮、生活苦などに関する報道のうち生活困窮者自立支援法についての放送を調べてみると、法案が審議された２０１３年には２時間42分51秒放送されているが、コロナ期の２０２１年は36分58秒の放送があった程度だ。法案として議論されたときの放送時間は長かったのに、支

援ツールとして実際に活用する段階での放送時間はさほど長くないことがわかる。

◆「いのちのとりで」訴訟と物価偽装をめぐる問題

生活保護基準の引き下げにあたっては２０１４年以降、佐賀、熊本、埼玉、名古屋、和歌山、大阪、東京など29の地方裁判所で受給者が引き下げの取り消しを求める訴訟を起こしている。弁護団が「いのちのとりで」裁判と呼んでいる集団訴訟である。

厚生労働省は生活保護基準を引き下げるにあたって「物価水準が下がった」という統計を持ち出して引き下げ理由にした。「物価下落の反映（デフレ調整）」だったという理由である。この「物価水準が下がった」というデータに実はウソがあるのではないかと疑い、早い段階で指摘した報道人がいる。中日新聞の編集委員をしていた白井康彦だ。

学生時代に将棋名人にもなった緻密な思考とねばり強い性格でデータを検証して、厚生労働省が引き下げ理由とした「生活扶助相当消費者物価指数（ＣＰＩ）」の下落が客観的で公正といえるものではなく恣意的なものだった疑いがあることを示唆する記事を出した。２０１３年3月31日の「生活扶助費削りすぎ？　生活保護世帯の使い道反映せず」という記事だ。日本福祉大学の山田壮志郎准教授（当時）との共同調査で明らかになったという。報道は生活保護削減のための物価が「偽装されていた」疑いを強く示唆した。白井らの調査では消費者物価指数の下落に大きく寄与したのはパソコンやカメラなど家電製品で、生活保護世帯がほとんど買わないものばかり。

生活保護世帯が買わない家電製品などで操作された「消費者物価指数」だった。

中日新聞で白井は、4月10日に「生活扶助費引き下げ　ちょっと待った　算出方法おかしいぞ」という記事を出す。生活保護に関する法律家などでつくる生活保護問題対策全国会議と日本福祉大学の山田准教授が記者会見をしたことや国会で野党が追及したことなどの続報を伝えた。

信頼できないかたちで算出された「消費者物価指数」が大幅に下がったから生活保護基準を引き下げるという厚労省の理屈は相当に強引だ。他にも不自然な数字の操作が次々に見つかった。白井はこの問題を貧困報道に携わる他社の記者やテレビ制作者などの勉強会でも解説したが、残念なことに中日新聞に続く「後追い報道」はなかった。そもそも中日新聞がこの記事を一面トップにするなど大々的なスクープというかたちで伝えなかったことや物価偽装は数字を検証しなければならないのでわかりにくい点、さらに他社の後追いはなかなかしにくいという報道機関同士の競争意識がその背景にあった。

白井は「エクセルなどちょっとした統計の知識があれば簡単なんだけど…」と話す。白井は著書『生活保護削減のための物価偽装を糾す！』（あけび書房・2014年）で改めて問題提起している。同書で「官庁は、自分に都合がいい統計を強調して都合の悪い統計はあまり触れずにおく、ということはよくやります。厚労省が生活扶助基準切り下げ問題でやったことは、比べようもないほど悪質です。『統計数字そのものの偽造』と言えるからです」と厳しく断罪し、「根拠がデタラメ」「とんでもない行為」と新聞でふつう書かない強い表現で怒りを露わにしている。

2018年に中日新聞を定年退職した白井は現在、フリーライターとしてYouTubeでも

「物価偽装」について発信している。各地の裁判闘争でも原告側の証人として証言するなど活発に活動している。

◆画期的だった東京地裁判決

全国各地で受給者が原告となって生活保護基準の引き下げを違法だとして処分の取り消しを求めた裁判では2022年6月24日、取り消しを認める画期的な判決が東京地裁で出た。

厚労省が引き下げの理由とした「物価下落の反映（デフレ調整）」について「必要性や従来基準との関係の十分な説明がなく、専門技術的な見地から検討したともうかがわれない」としたほか、デフレ調整の手法でも、「物価比較の時点の設定が根拠不明」だとし、厚労省が独自に算定した物価指数についても「生活保護世帯の消費構造と大きな隔たりがあり、実態を正しく評価していない」と判断。「客観的な数値との合理的な関連性や専門的知見との整合性がない」とし、改定は「厚労相の裁量権の乱用だ」と結論づけた。判決は国の手続きを違法として、処分を取り消した。同様の判断をした大阪地裁、熊本地裁に次いで3例目の原告勝訴判決だった。

白井の指摘を裁判所が認めたことになる。また、東京地裁判決の現場にはNPO法人「自立サポートセンター・もやい」の元理事長で「つくろい東京ファンド」代表理事の稲葉剛も同席し、原告らと一緒に喜びを分かち合っていた。10月19日の横浜地裁も同様に処分の違法性と取り消しを認め、原告勝訴の判決はこれで4例目を数えている（2022年12月31日現在）。

第4章

コロナショックで再び貧困が問題化

◆首相が国会答弁で認めた「生活保護」の権利性

首相は国会質疑で生活保護についてどのような質問をされ、どのように答えてきたのだろう。TVメタデータで記録を探しても、生活保護というテーマでの首相答弁はほとんど見当たらない。例外なのが、コロナ期の2021年1月27日に参議院予算委員会で菅義偉首相（当時）がコロナ禍での困窮者対策について野党議員の質問に対して「最終的には生活保護という仕組みもある」と答弁してニュースなどで取り上げられたことだ。合計で48分56秒放送されている。

この答弁は他の支援策の検討を放棄したようにも聞こえ、他方では生活に困窮した人に対して、生活保護の利用を促しているようにも聞こえる。政権トップである首相が生活保護制度についてニュースになるかたちで言及することは極めて珍しい。

答弁の1か月ほど前の2020年12月22日には、厚生労働省はホームページで「生活保護の申請は権利です」と明確な姿勢を示した。「生活保護を必要とする可能性はどなたにもあるものですので、ためらわずにご相談ください」という文章に加えて、全国の自治体の福祉事務所一覧も掲載した。答弁のおよそ1か月後の翌年2月26日には、扶養照会の運用を緩和する通知を全国の自治体に出している。長引くコロナ不況で政府の「姿勢の変化」が見てとれる。

厚生労働省がコロナ期に生活保護の「権利性」を強調した事実を報道したのは、NHK「あさイチ」のほか民放の「スッキリ」「めざまし8」「バイキングMORE」「グッド！モーニング」だ。いずれも番組ジャンルは「情報番組／ワイドショー」だった。

2021年8月にYouTuberでタレントのメンタリストDaiGoが生活保護受給者を差別する発言をしたトピックでも、厚労省が公式ツイッターに「生活保護の申請は国民の権利」と投稿した情報と合わせて情報番組が報道し、放送時間は44分1秒になっている。

◆「子どもの貧困」「女性の貧困」「ひとり親家庭」問題、どこが違う？

貧困、困窮、生活苦で抽出した番組群のうち、「子どもの貧困」「女性の貧困」「ひとり親家庭」として報道されたものを抽出したのが図11である。

2007年頃から報道が目につくようになった「子どもの貧困」。当時まだ貧困報道の現場にいた筆者の記憶では、貧困報道に対して根強い反発の背景になっていた「自己責任論」に対して、支援者や研究者、報道人らが「子どもには自己責任は問えない」からと「『大人の貧困』よりも

図11　「子どもの貧困」「女性の貧困」「ひとり親家庭」の報道

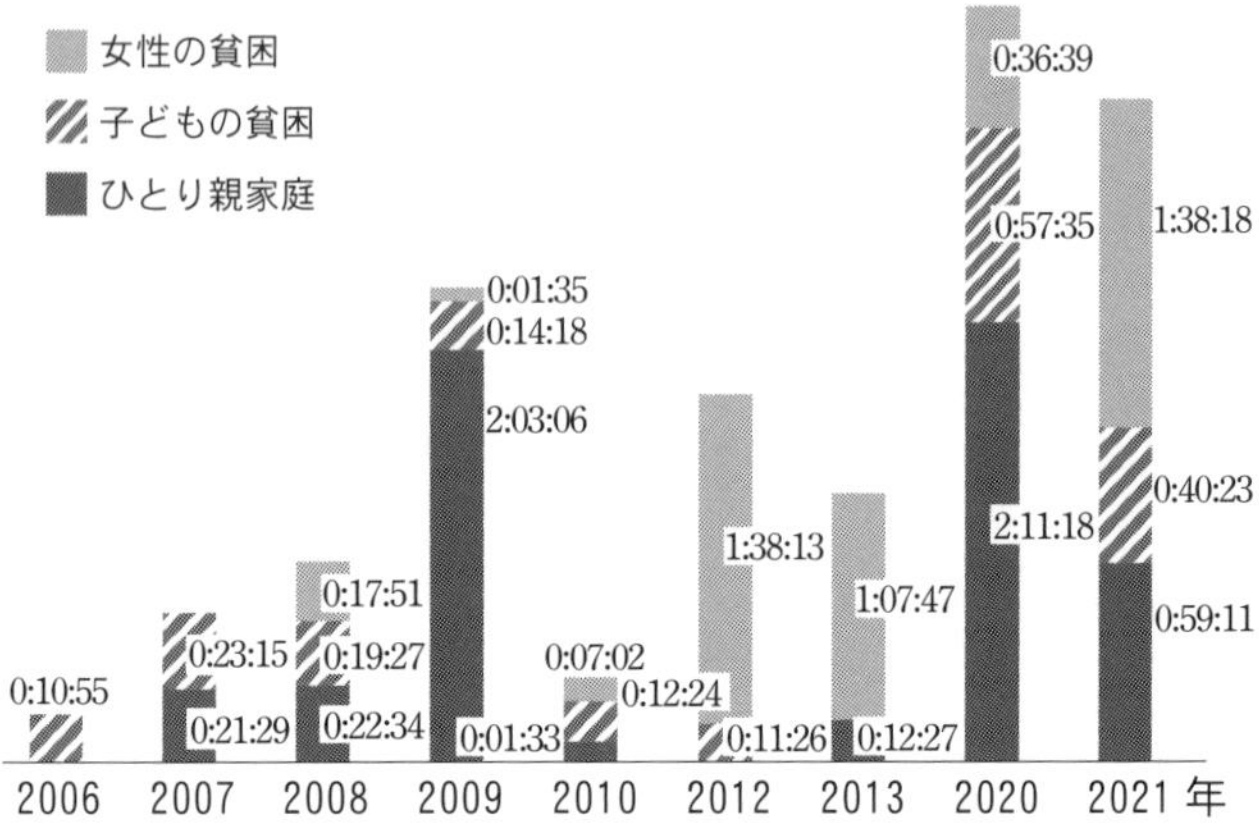

『子どもの貧困』を強調して報道を進めていこう」という暗黙の了解があったように思う。このため「子どもの貧困」という言葉を意識的に使った報道人や報道機関が目立ったものの、内容的にはほとんどが母子家庭や父子家庭など「ひとり親家庭」のエピソードが登場する。２００８年頃から「女性の貧困」というタイトルやテロップで報道されるケースでも実態として「ひとり親家庭」のエピソードが登場している。

つまり、ほぼ同じエピソードがときに「子どもの貧困」、「女性の貧困」、「ひとり親家庭」（具体的には「シングルマザー」、「シングルママ」や「シングルパパ」などのテロップで）などとして表象されている。この３つの言葉のテレビの報道は互いに重なり、言葉が混在し、報道する側も厳密に峻別していたわけではない。テロップ情報を基に番組内容を筆者が再分類した。

◆NNNドキュメント「奇跡のきょうしつ　子どもの貧困をなくす」

筆者が制作したドキュメンタリーでは、「子どもの貧困」を明確にテーマにしたものとして「奇跡のきょうしつ」(2012年10月3日放送)がある。当時、「貧困の子ども」は全国で7人に1人以上。貧困の連鎖を食い止めようと各地で無料学習教室が始まっていた。当時、全国最大規模で埼玉県内に10か所の教室を運営する埼玉県のアスポート教育支援を取材した。生活保護家庭の中学生が対象で、高校進学を助けるため週1～3回教室を開く。

見えてきたのは親の貧困が子の低学力を招き、不登校や引きこもり、非行などにつながる連鎖の実態だった。学校はこうした問題を放置しがちだが、ここでは元教員や学生ボランティアらがマンツーマンで勉強を教える。「学校では分からないままだったけど、いまは勉強が分かる」と中学生も笑顔で話すようになる。初めて数学のルートの問題が解けた喜び。「奇跡だ!」と教える側も喜びを感じる。自信をつけた生徒たちは生活面でも〝奇跡〟を起こす。2年間ずっと部屋でひきこもっていた男子もここに通うようになって初めて友人ができるようになる。支援員がつきっきりで指導した高校入試。その結末までを追った。

アスポートは、埼玉県の「生活保護受給者チャレンジ支援事業」の名称だったが、当時、埼玉県福祉部の職員として中心的な役割を果たした大山典宏(現・高千穂大学教授)は書籍の中で「奇跡のきょうしつ」の「番組は大きな反響を呼び、事業の実施主体である埼玉県には、多くの方から激励の言葉をいただきました」[*1]と書き、番組にも登場した子どもたちが抱える困難や学習支援に参加した子どもたちが見せた「奇跡」についてもくわしく記している。

「子どもの貧困」「女性の貧困」「ひとり親家庭」の３つを合計した放送時間は、リーマンショックによって困窮者が増加した２００８年には59分52秒と前年よりも報道量が増え、生活保護の母子加算の廃止や復活が政治的な争点として報道された２００９年はさらに倍増して２時間18分59秒になっている。また、「生活保護バッシング」によって、生活保護費の１割削減の是非が報道された２０１２年、２０１３年にも放送時間が増えているほか、コロナ期の２０２０年、２０２１年にはリーマン期を大きく上まわる３時間を超える放送時間になった。

コロナ期においてはひとり親家庭についての法律や制度などのトピックがあったわけではない。テレビ番組が、困窮して支援が必要な対象として、不安定なひとり親家庭を意識的に取り上げたことが背景にあると思われる。それぞれの言葉が混在したままの報道が続いている。

◆貧困の拡大にともなってメディアへの登場が増えた個人

「生活保護」をめぐる報道に登場した人物のテレビ報道の登場を比較してみるとリーマン期（A）とリーマン期（B）では、困窮者の支援活動を行なっている人物が番組に多く登場し、なかでも反貧困ネットワーク事務局長の湯浅誠が登場時間では圧倒的に長い。

湯浅は２００６年から２０１０年にかけて「貧困」にかかわる、ほとんどあらゆる場面で中心的な役割を担った活動家だ。貧困、生活困窮、生活苦という言葉で検索すると、湯浅は２００７年に１時間３分50秒、２００８年に１時間55分19秒、２００９年には２時間48分58秒、２０１０

図12　「貧困」「困窮」で 湯浅誠の登場時間

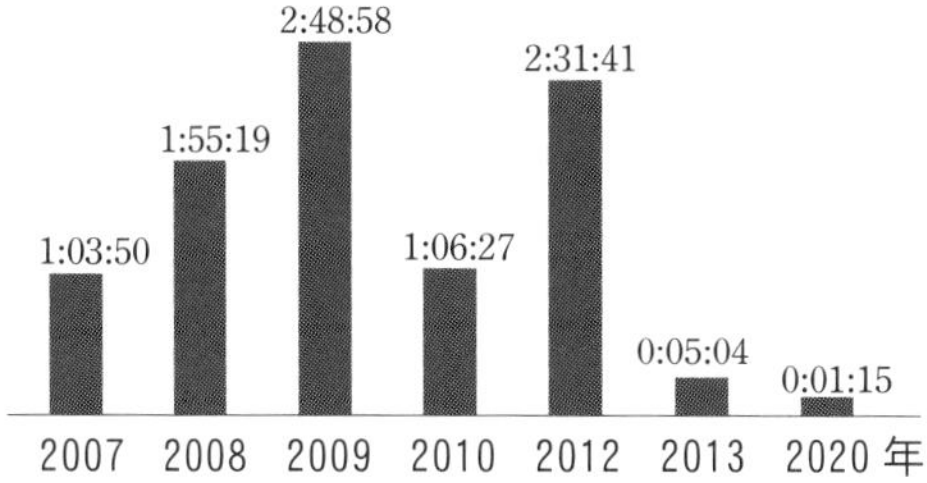

年に１時間６分27秒、２０１２年に２時間31分41秒と年１時間を超える登場時間になっている。さらに、生活保護という言葉で検索しても、２００７年は18分58秒、２００８年には45分54秒、２００９年には２時間８分１秒、２０１２年にも１時間14分18秒と登場している（図12）。

　筆者も取材者としてウォッチしてきたが、湯浅は「反貧困ネットワーク」に設立準備の段階から中心的にかかわり、さらに貧困問題の研究者の団体である「貧困研究会」の発足（２００７年12月30日ＮＨＫ「ニュース」で放送の記録あり）にあたっても法政大学教授の杉村宏らと準備を進めていたことは付記しておきたい。

　２０２０年、２０２１年のコロナ期では貧困、生活困窮、生活苦の当事者への支援活動を行なっている、一般社団法人

＊１　埼玉県・アスポート編集委員会編（２０１２）『生活保護２００万人時代の処方箋　埼玉県の挑戦』（ぎょうせい）

図13 「貧困」の報道で登場が多い人物

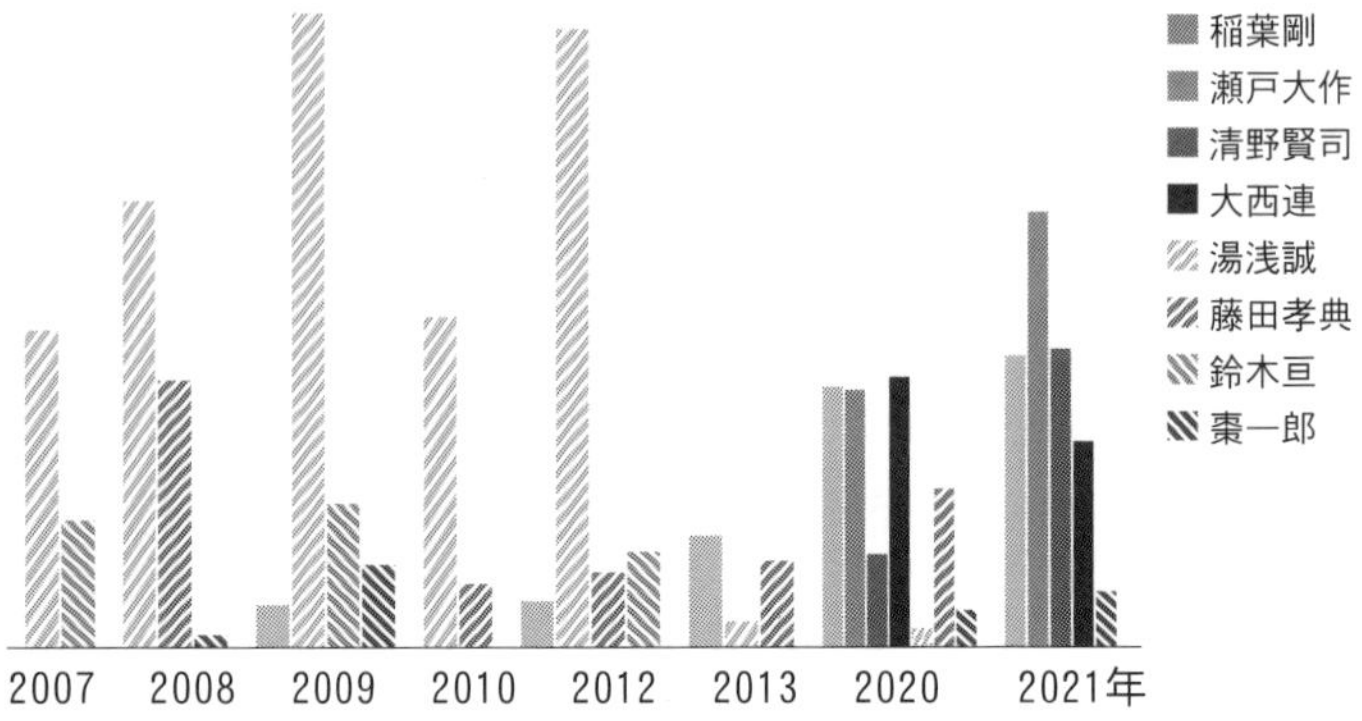

つくろい東京ファンド代表理事・稲葉剛（２０２１年に58分31秒）、ＮＰＯ自立サポートセンターもやい理事長・大西連（２０２０年に54分13秒）、ＮＰＯ法人ＴＥＮＯＨＡＳＩ理事長兼事務局長・清野賢司（２０２１年に1時間0分3秒）、反貧困ネットワーク事務局長・瀬戸大作（２０２１年に1時間27分23秒）らのテレビ報道での登場が目立つ（図13）。

団体としては、反貧困ネットワークが２００７年以降は支援活動での報道量が抜き出ている。２００８年は1時間38分19秒、２００９年は3時間6分21秒、２０１０年は1時間9分38秒、２０１２年は2時間35分3秒と他の団体を圧倒している。コロナ期に入っても２０２０年に1時間12分4秒、２０２１年に1時間51分40秒と多い。

これほど継続して1時間以上登場する団体は他に見あたらず、東京・池袋で食料支援と相談活動を続けているホームレス支援団体ＴＥＮＯＨＡＳＩが２０２１年に1時間14分53秒になったのを例外とすれば、年間ではおおむね20分未満の報道量で推移している。

研究者としてはリーマン期とコロナ期を通じて、貧困、困窮、生活苦について宮本みち子、宮本太郎、阿部彩、岩田正美、湯澤直美らがテレビに登場したが、いずれも散発的で2013年に宮本みち子と湯澤直美が42分40秒登場したほかは、継続性はなく放送時間も短い。

登場した時間の長さと登場の頻度で比較すると、2013年には生活保護のトピックでは東京都立大学（以前の名称は首都大学東京）教授の阿部彩が1時間3分24秒登場したのが比較的長いが、単年のみだ。

単年での登場者が目につくなかで複数年にわたってたびたび登場するのが学習院大学教授の鈴木亘だ。特に、生活保護バッシングが繰り広げられた2012年の鈴木の登場は2時間23分9秒と際立っている。鈴木は「生活保護は貧困のワナ」とコメント（2012年7月17日のTBS「NEWS23クロス」）するなど、生活保護制度の「見直し論」で注目された。扶養義務の範囲が事実上曖昧な点、病院での医療費などのチェックが甘い点、無料低額宿泊所の問題など現状の生活保護の運用を批判するコメントが多く見られた。鈴木は大阪市の特別顧問として生活保護受給者の自立支援を進める立場から助言していた。湯浅誠のように支援活動に従事する個人の登場が目立つなかで研究者の鈴木の登場時間が長いことは異彩を放っている（図13）。

◆湯浅誠が中心になった「活動家一丁あがり！」講座

貧困の支援などの活動にかかわる団体や個人について伝えたところで、リーマン期に貧困をめぐる「活動」の中心にいた湯浅誠がかかわっていたユニークな活動を紹介したい。「私たちは、生きるに値する社会を作っていく責任がある」*2として彼が貧困や労働運動の仲間たちと「社会にちゃんとモノ言う活動家」を養成する講座をつくろうと始めたのが、若者が社会にモノを言うはじめの第一歩を後押ししようという「活動家一丁あがり！」講座だ。

２００９年5月から毎回、年度終わりにそれぞれの受講生が「卒業イベント」をするというのを条件に毎年行なわれ、5年間にわたって続けられた。

貧困問題や労働問題にかかわっているメンバーが実行委員会をつくったため、講座のテーマを「労働と貧困」にしたが、受講生がやるのはどんなテーマでもいい。1回３００円の参加費で2週間に1回の講座が開かれた。

この講座についてまとめた書籍で、湯浅は「活動家」とは、「より生きやすい『場』をつくり出す人」と定義した。

筆者は当時、湯浅誠のほとんどの活動を取材していた。この「活動家一丁あがり！」講座の活動も次の番組にしている。

◆NNNドキュメント「カツドウカ、社会へ　湯浅誠の若者塾」

「活動家一丁あがり！」講座に集まった受講生は当初45人。多くは、社会に〝違和感〟を抱いて参加していた。派遣切りされて暗い表情だった青年は、仲間をつくって明るさを取り戻し、秋葉原事件を考える活動をするようになる。大学院まで進んだものの就職に失敗、高学歴ワーキングプアになった塾講師の女性は、若者たちに「今どきの働き方」を伝える活動を始める。それぞれが世の中を明るく照らし始めた1年半の記録だ。2010年9月12日に放送された。

講師は、湯浅誠、首都圏青年ユニオンの河添誠、アジア太平洋資料センターPARCの内田聖子、レイバーネットTVの松元千枝、映画監督の土屋トカチらが務めた。ホームページに2013年の講座案内が残っていた。1回目は湯浅誠の「現代の労働と貧困　みんなを不幸にするシステムを変えよう」という授業。労働組合の運動の仕方、国会議員へのロビイングの仕方、デモや集会の持ち方、ソーシャルメディアの使い方を指南する回もあった。取材で通った筆者も「社会に伝えるためのマスメディア対策」という回の講師を担当した。

◆「一丁あがり!」講座の卒業生の活躍　栗林知絵子の「原点」

2010年に1期生が卒業。1期生には、リーマン期に自動車工場で働いていて「派遣切り」されて労組に入って闘った鈴木重光、生殖補助医療が進むなかで第三者による遺伝子提供で生まれた子ども（AID）の「出自を知る権利」を認めるべきだという活動をする石塚幸子がいる。4

＊2　湯浅誠・一丁あがり実行委員会著（2011）『活動家一丁あがり!　社会にモノ言うはじめの一歩』（NHK出版新書）

期生には「性暴力、性被害をゼロにするための活動」をするＮＰＯ「しあわせなみだ」を立ち上げて理事長を務める中野宏美がいる。中野は10代の若者が性への正しい知識を身につけ、自分自身の力に気づくためのＳＨＥ検定（Ｓｅｘｕａｌ　Ｈｅａｌｔｈ　Ｅｄｕｃａｔｉｏｎ検定）をＷＥＢで実施し、法務省などに法改正を求める活動をして、強姦罪から名称を変更して強制性交罪にさせるなど、多彩な活動で社会を変革しつつある。

2期生（次の年も3期生として参加）には、その後に「豊島子どもＷＡＫＵＷＡＫＵネットワーク」理事長として活躍する栗林知絵子がいる。

「活動家一丁あがり！」講座の受講生は、①取り組みたいテーマ、②そのテーマ・課題を解決するための具体的な方法やアイデアを提出させて選考した。当時はまだ一介の主婦に過ぎなかった栗林知絵子が書いた応募文を見てみよう（原文ママ）。

① 取り組みたいテーマ

「貧困に巻き込まれていく子ども達にも、希望ある社会にしていく為に、おとながやれることを探る」

私は豊島区で、プレーパーク（冒険遊び場）の運営に関わっている。プレーパークとは、水、土、火、木という自然の遊び道具で自由に過ごすところ。ちょっとキケンなことも、失敗や、子どもが感じる「快」の体験をすることで、生きる力が育まれると思っている。プレーパークは、子どもにとって大切な居場所でもある、常にプレーリーダーと呼ばれるおとなが常駐し、子どもと対等な人間関係を大切にしている。

このような理念の基で活動しているプレーパークだが、最近、感じることがある。それは、日曜日、行き場のない子どもにとって、プレーパークは、なくてはならない場所であり、「いいよ」と言ってもらえる場所なのである。具体的に例を挙げると、夜の仕事をしている母さんが昼間寝てて、家に戻れない子、朝起きると母さんは仕事に行っていないので、朝、昼はコンビニで買って、プレーパークで食べる子。ワンルームマンションで家族4人で住み、学校の友だちに「やーい、借金!」とバカにされている子。その反面、習い事、塾が忙しく、全く遊ぶ時間がない子がいる。親の目をぬすんでプレーパークで遊べる子はまだ心配ないが、遊びの中で「快」を感じるのではなく、塾や大会での競争の中でしか「快」を経験できない子どもも多い。

親も子も、購買意欲をかきたてられ、いい服、いい事、いい学校と、人より上になることで満腹感を得る子ども。様々な環境の子どもが成長して、果たして人と人がつながる社会が築けるのだろうか?
② 解決するための具体策
(以下、省略)

栗林については第Ⅱ部でインタビューしているので本人の足跡などを確認してほしい。ただ、当時は「将来やりたい」と書いていたほとんどを、その後に彼女が実現させていることを考えると、「活動家」養成講座の意義はけっして小さくはない。湯浅がまいた種から社会を変える活動の芽が出て、しっかり育っていることを実感する。

第5章

SNS時代の「貧困」の伝え方

◆コロナ期の特徴は「生理の貧困」など若者からの貧困発信

日本における「貧困」をめぐるテレビ報道を分析していくと、「リーマン期」に形成されたかたちが土台となって「コロナ期」にも踏襲されているものが多いことがわかる。

共通点が多い一方で相違点もある。相違する主なものを挙げると、一つはコロナ期に「学生の貧困」の放送時間が急に増大したことだ。報道する際にこの言葉が使われたわけでなく、大学生の生活困窮や生活苦、バイト収入減、授業料の支払い困難、奨学金の負担、中退者の増加などの報道を筆者が集計してまとめたものが図14である。

TVメタデータを基に独自に集計すると、「学生の貧困」は2012年に1時間30分、2013年に1時間53分だったのが、コロナ期の2020年には9時間6分、2021年には12時間37分へと一躍増加している。学生、生徒らの貧困や困窮、生活苦についての放送量が急速に増えてい

図14　「学生の貧困」「生理の貧困」の報道

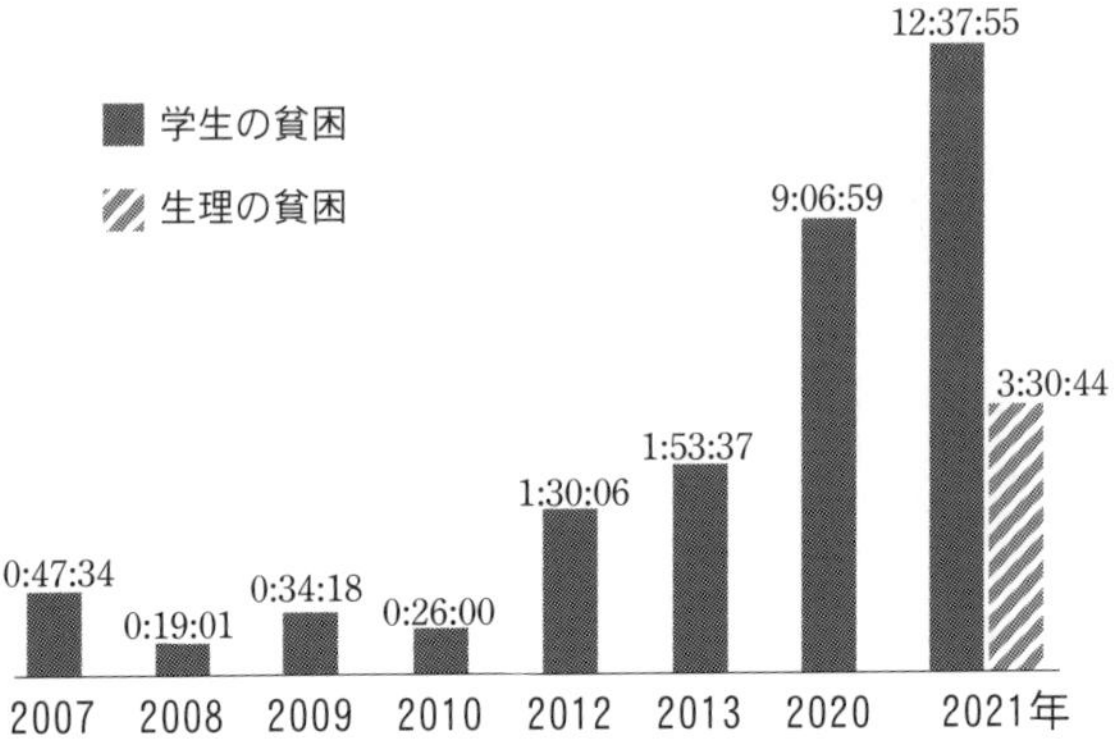

る。これは困窮する学生ら当事者がＳＮＳなどで問題を発信したことでメディア側が知ることにつながったと考えることができる。

コロナ期の特徴として、他には「生理の貧困」という女性特有のジェンダー問題を含むテーマが大きく突出していることが挙げられる。２０２１年にＮＨＫ発で新しく問題提起された「生理の貧困」は、２０２１年だけで3時間30分以上の放送があった。従来は可視化されなかった女性へのジェンダー差別につながる問題でもあり、経済的な困窮と結びついていながら認識されてこなかった新しい貧困でもある。若い女性を中心にＳＮＳなどで共感が広がった。

この二つの貧困はどちらも若い世代にとっての関心事である。共通してＳＮＳで若者層が広く働きかけたテーマだ。間メディア社会化が進むメディア環境にあってインターネット上で盛り上がった話題をテレビが取り上げたという構図を見ることができる。

ＮＨＫはこの問題をＳＮＳで発信する若者グルー

プと連携して、放送をウェブ記事やSNSと連動させるキャンペーン報道を2021年3月から展開した。3月4日に朝のニュース番組「おはよう日本」で経済的な理由などから生理用品を入手することに苦労している学生が5人に1人いると伝えたのを皮切りに、4月6日には報道番組「クローズアップ現代」で「生理の貧困　社会を動かす女性たち」を特集した。

家計が乏しく市販の生理用品を買うことができず、トイレットペーパーを使ってナプキンの代用品を自ら手作りしている専門学校生の「手作り」の場面が登場して衝撃を与えた。アメリカでこの問題への認知を進めるきっかけになった市民団体の啓発映像などを駆使し、「生理の貧困」というテーマで世界各地に大きなうねりが生まれ、公共トイレで生理用品を無償常備するかたちで制度や法律を変えつつある国が出てきている現状を放送した。テレビがネット配信と共存する時代の貧困問題の伝え方として注目される。NHKの「生理の貧困」取材班は、2021年に市民団体が選ぶ「貧困ジャーナリズム大賞」[*1]を受賞した。

報道にあたってNHKは、この問題についてSNSなどで積極的に発信していた若者団体「#みんなの生理」と連携し、同団体が行なったアンケート調査を使ったり、グループの共同代表である谷口歩実のインタビューを放送するなどした。NHKによれば、この問題が盛り上がった背

＊1　貧困ジャーナリズム大賞。市民団体「反貧困ネットワーク」が2007年以降、年に一度、優れた貧困報道を行なった個人を対象に顕彰する賞。最高賞である「大賞」1点のほか、「特別賞」2〜3点。「賞」数点を贈賞する。筆者も選考にかかわってきた。

景には、ネットを通じて女性たちの〝声なき声〟がシェアされるようになったことや女性の社会進出が進み、女性の視点を入れた制度改正などが様々な分野で進んできたことが挙げられるという。

さらに「女性全体にかかわる不平等」として捉えるべきだという声もあがり、学生など若い女性を中心に共感の輪が広がっていった。他のテレビ局や新聞社も「生理の貧困」で特集や連載記事を出すようになった。国会や地方議会などでも議論のテーマになり、自治体や大学などの建物に無料のナプキンを置く取り組みが一気に進んだ。

◆移り気なテレビにとっての「貧困」報道の課題

テレビ番組のジャンルは「ニュース／報道番組」（以下、「報道番組」）と「情報番組／ワイドショー」（以下、「情報番組」）との境界が年々曖昧になっている。平日の夕方の民放の「報道番組」は芸能人ネタやグルメネタもあり、「情報番組」と厳密に区別することは困難である。

それでも「報道番組」が各局の「報道局」の所管で、基本的には記者クラブなどに所属して専門性を持つ記者集団が取材や原稿作成などに責任を負う。このため、放送内容にはより正確性を期す傾向が強いといえる。番組としてもある程度は定型的なフォーマットで放送される。

これに対して「情報番組」はより長時間の放送であり、かつフォーマットは比較的柔軟である。その都度で担当者が変わる場合も多く、場当たり的で事実確認などで「報道番組」よりも正確性や厳密さを欠く場合が少なくない。

「生活保護」をめぐる報道を「番組ジャンル」と「NHK・民放」で分類して年別で比較すると、多くの年で放送時間は「報道番組」の方が「情報番組」よりも長い。また、NHKでも民間放送でもこの傾向がはっきりしていた。

ただし、何かのトピックがあってセンセーショナルな報道になる「劇場型報道」の傾向が生まれたときには、民放に限ると「情報番組」の方が長く扱う傾向がある。情報番組の「劇場型報道」では（たとえば、失業してホームレス生活を送っている、というような）当事者を密着取材してそのエピソードを伝える手法がたびたびとられる。

ワーキングプアや北九州市の餓死が話題になった２００６年は民放の「報道番組」は59分31秒だったのに比べ、「情報番組」は２時間20分13秒と倍以上になった。派遣切りや派遣村が話題になった２００９年も前者が８時間10分６秒で後者は11時間52分13秒である。芸人の親族の生活保護受給が批判された２０１２年には前者が14時間47分41秒で後者は16時間41分34秒となっている。コロナ禍で社会全体の生活困窮が拡大して生活苦に陥る人が急増した２０２０年は前者が15時間52分31秒に対して後者は19時間10分47秒で、２０２１年は前者が22時間43分37秒、後者が23時間12分16秒と「情報番組」の方が長くなっている。

「報道番組」は、視聴者に伝えるべき情報を伝えるという意識が制作者には強い。これに対して「情報番組」は、生活者目線＝視聴者目線を強く意識し、視聴者が求める情報を重視する傾向がある。換言すれば、後者では視聴率での評価をより強く意識し、視聴者が見たいものを見せる。

事実を確認してから正確に文章化するトレーニングを受けた記者が原稿やテロップの情報などを厳しく精査し、デスクと呼ばれる責任者が原則に従って品質管理を徹底するシステムがあるのが「報道番組」だ。それとは違って、「情報番組」では事実確認が甘く、出演者や制作者のやや恣意的な意識が反映されやすい傾向がある。

生活保護バッシングの際に、テレビ朝日の「ワイド！スクランブル」など一部の「情報番組」が、「若者たちが『ナマポ』という言葉で安易に考えて生活保護を不正受給している」という〝伝聞〟について、「（この言葉を）聞いたことがある」という街頭インタビューを根拠にして、裏づけなく「安易に不正受給する若者が多い」と放送したことは、直接取材する「報道の原則」からは明らかに外れた報道だった。〝生活保護バッシング〟という一種のヒステリー状態で不正確な報道が一時期集中してその後の生活保護の「見直し」論議につながったことは、番組ジャンルを問わずテレビメディアが持つ議題設定機能が大きいことと、その危うさを改めて示している。

◆番組側の姿勢次第で可能なテーマの深掘り

「報道番組」に比べ、「情報番組」は時間をかけて放送することができる。2014年まで放送されていたTBS「みのもんたの朝ズバッ！」の記録を見ると、ニュース番組でもあまり報じられない福祉問題を深掘りしていたことがわかる。司会者の独断でのコメントなど賛否はわかれるにせよ、この番組がリーマン期における貧困問題について朝の生放送の情報番組という性質を生かして、年金生活者や生活保護受給者など、様々な生活困窮者の境遇を伝えることに成果があったことは疑いない。

テレビにおける報道の正規軍が報道局で訓練を受けてきた記者らが制作する「報道番組」だとするなら、雑食性で人が興味ありそうなものは何でも扱ういわばゲリラ部隊が「情報番組」だ。それがときに貧困問題の大切なテーマを、より的確に報じることがある。要は制作する側の姿勢次第ともいうことができる。

「情報番組」は生活保護に関して、2012年にはお笑い芸人の河本準一らの肉親の受給をめぐって大半の番組が生活保護制度へのバッシングともいえる先入観や偏見にあふれた集中的な報道に走る傾向があった。一方、2021年には一部の情報番組がタレントのメンタリストDaiGoによる生活保護受給者への差別発言を批判的に伝えて、偏見や差別に警鐘を鳴らした。出演者が理解を呼びかけ、「生活保護の申請は国民の権利」だというメッセージを拡散させることに寄与するなど、長時間放送できるメリットを生かした伝え方をしている。

後者のケースではDaiGoの発言にホームレス支援団体などが「差別につながる」と抗議したことで、制作者らが考慮した背景があると思われる。報道する側の意識次第で差別や偏見の少ない正確な貧困報道が可能なのだという好例だろう。

テレビは新しい問題に飛びつく傾向があり、「新しい問題」を提起する際にキャンペーン報道は大きな影響力を持つ。2007年に民放から提起された「ネットカフェ難民」は生活に困窮して住居を失った人たちが「ネットカフェ」という新しい場所に滞留する事実を〝発見〟したもので、本質的には「ホームレス」だった。ネットカフェを利用するホームレスがいるという指摘はホームレス支援者などの間に以前からあった。

古い酒も新しい革袋に入れ直す。テレビを含め、移り気なニュースメディアは「新しさ」を絶えず追求する傾向があり、以前から継続する課題も「新しい革袋」に入れてニュース・バリューを見出していく。その「革袋」の設定がうまく機能しないと言葉の境界が曖昧な報道になり、議題設定もうまく機能しない。

◆テレビの議題設定をバランスよく的確に

リーマン期において「ひとり親家庭」の問題がその時々で「子どもの貧困」や「女性の貧困」の問題などとされ、必ずしも明確な言葉として定着しないままなのは失敗した例ともいえる。

他方で2020年、2021年に「学生の貧困」の放送時間が飛躍的に増大したことは議題設定機能が効果を発揮した例と考えられる（図14）。ただし機能したとはいえ、あらゆる年齢層や属性の人が同じように生活に困窮した時期に、「学生の貧困」だけが突出して報道されたことは貧困問題の全体の報道を考えた場合、バランスを欠いたものとなって、今後に課題を残した。

「学生の貧困」がテレビで多くの時間を占めた背景には、インターネットを通じて異なるメディア同士が共鳴、共振し合う間メディア社会が進むなか、SNS上で盛り上がった話題をテレビも取り上げる構図があった。「生理の貧困」でも、学生ら若い世代がSNSで発信したことが大きく影響し、テレビの露出増にもつながった。若い世代がＳＮＳで発信する時代にテレビ報道がそれに引きずられる傾向は、年々強くなっている。

ＳＮＳ経由の問題提起は今後ますます増え、テレビ報道への影響も大きなものになるだろう。誰もがＳＮＳで自分の意見や経験を発信できる時代に、マスメディアがなにをどう報道するのかは今後の課題だ。テレビの議題設定はその時々で流されやすい傾向があるだけに、伝える側の責任は重く、全体の中でバランスのいい報道をこれまで以上に意識していく必要がある。

◆「貧困者」の描き方をめぐって起きたネット時代の事件

40ページに「貧困者」の描き方と「感動ポルノ」との関連について当時（２００８、9年頃）に筆者が考えていた問題意識を示したが、さらに２０１６年から２０１７年にかけて、メディアでの「貧困者」の描き方について象徴的な「事件」がいくつか起きた。

① ＮＨＫ「貧困女子高生」事件（２０１６年）

２０１６年8月18日のＮＨＫ「ニュース7」で「貧困」をめぐる若者の特集を放送した。項目の冒頭でキャスターが厚生労働省のまとめで「子どもの6人に1人が貧困状態にある」という数字を示し、「なかでも母子家庭などひとり親家庭では半数以上が貧困状態にある」と深刻さを伝えた。特に、ひとり親家庭では進学率が一般家庭に比べ30ポイント低い実態があるとして、この日、実状を知ってほしいと訴えた一人の高校3年生の女子のケースをVTRで紹介した。

母子家庭で母親がアルバイトという収入では、希望するデザイン系の専門学校への進学がむずかしい。彼女の家にはエアコンがなく、保冷剤を首に巻いて暑さ対策をしていることや、中学時代にパソコンの授業でパソコンを買うお金がなく、母親が1000円のキーボードだけを練習用に買ってくれたというエピソードが紹介された。彼女は神奈川県が実施している「子どもの貧困」問題に取り組むプロジェクトに参加していて、聴衆の前で自分の経験について話をすることを自ら申し出た。当日、彼女は「あなたの当たり前が当たり前じゃない人がいることを知ってほしい」と訴えた。そんな内容のニュースだった。

ところが、NHKがこの女子高生を姓は出さずに下の名前だけで紹介したにもかかわらず、放送の後にネット上では本人のフルネームや通っている学校などが特定され、SNSで発信していた以前の書き込みがさらされてしまう。本人はアニメ映画の「ONE PIECE（ワンピース）」の大ファンで封切り後に1700円支払って数度見に行ったとか、外でスイーツなどを食べて「散財してしまった」などとツイートしていたことがわかった。

ニュース映像に映っていた本人の部屋の映像が拡大されて、棚に並んだDVDなど一つひとつの値段が特定され、総額が計上されて、「これでは貧困とはいえない」とか「NHKは貧困ではない女子高生を貧困だと捏造して報道した」などの批判ツイートが殺到し、炎上した。ネットの「まとめサイト」などで彼女をめぐるツイートや本人の肉親や友人のツイートまでさらされる事態になった。NHK側も本人のプライバシーの保護や精神的なケアに努めたと聞いている。SN

Sで誰もが自由に情報発信をする時代に、「貧困者」についてメディアがどのように取材して描くのか、そのむずかしさを改めて突きつける出来事になった。

結果論として言えば、女子高生のインタビューなどを自宅の彼女の部屋の中で行なったことは、部分的に映像を拡大して「あら探し」をする悪意を持った視聴者がいる時代にはかなり不用心だったといえる。他方で、貧困者本人が趣味などの楽しみを持つことに対して、報道する側がどのように描くべきなのか（あるいは、描かないべきなのか）を吟味する重要性を痛感させた。

この女子高生の場合、このままでは進路が閉ざされてしまうというケースで厚生労働省が貧困の指標にしている「相対的貧困」[*2]という概念で「貧困状態」にあることには疑いはなかった。NHKの取材姿勢も関係者のアプローチも従来の貧困報道の取材と比べて間違いがあったわけではない。報道する側がかなり勉強して原稿なども吟味した「適切な報道」だったといえる。

しかし、そうした社会福祉的な意味での「貧困」についての報道を一般の視聴者が必ずしも受け入れるわけではない。むしろ、一般の人が考える貧困者像とはかけ離れていた。こうした問題をどうすればいいのか。報道の課題を貧困女子高生事件は突きつけた。

② 中日新聞「貧困女子中学生」捏造事件（2016年）

＊2　「相対的貧困」を厚生労働省は「等価可処分世帯収入がその中央値の半分未満の世帯に暮らす人を相対的貧困の状況」と定義している。

名古屋に本社を置く中日新聞は東海圏をベースとし、首都圏では東京新聞という名で発行するブロック紙だ。新聞社の中では全国紙に匹敵する影響力を誇っている会社だが、紙面で貧困報道をめぐって「捏造」があったと謝罪したのは2016年10月12日のことだった。

この日の朝刊で同紙は5月19日に掲載した「新貧乏物語」（第4部）の「子どもたちのSOS」などの記事や別の日に掲載した写真を取り消した。5月19日の記事は「病父　絵の具800円重く」という見出し。父親が脳梗塞になって収入が激減。中学3年生女子が絵の具代やバスケット部の合宿費を払えない現状にいるという内容だった。だが、実際には教材費や合宿費が払えないという点は事実と異なることが家族の指摘で発覚した。担当の記者は社内調査で「想像で書いてしまった」と話したという。

中日新聞の「新貧乏物語」は貧困問題にかかわる関係者の間では評価が高く、貧困ジャーナリズム賞にも選ばれていた（のちに同社が受賞を辞退）。それだけに貧困報道のあり方をめぐって課題を投げかけた。テレビ報道でも課題になったステレオタイプの貧困者の描き方だ。どうしても読者の共感を得られるようにと、こういう状況ならば理想的だと思われる物語に記者が近づけようとしてしまう。とはいえ「事実」は取材する側の思うようにはいかない。だから問題になった。テレビならば記者の他にカメラマンや音声マンなどが複数で取材に同行し、映像という「証拠」も残るのでウソはつきにくいが、新聞の場合は記者本人さえ黙っていればウソをつくこともしやすいことが裏目に出た。

このケースでは取材を受けた本人や家族が後で記事を読んで「事実と違う」と申し立てて発覚

した。結局、同社が家族の申し立てを受けて事実を確認しておわび記事を出すまで1か月以上かかっている。社として力を入れていた連載だけに時間がかかったのかもしれないが、こうした遅れもネットメディアなどが批判し、かえってマスコミ不信を増大させる結果につながった。

③ TBSテレビ「ビビット」多摩川ホームレス差別事件（2017年）

TBSの午前中の情報番組「白熱ライブ　ビビット」は2017年1月31日に、多摩川の河川敷で犬の多頭飼いをしながら生活するホームレス男性について報道した。匿名で顔にモザイクを入れて放送したが、「犬男爵」「人間の革を被った化け物」と表現し、耳まで裂けたイラスト画像などで侮蔑的に扱った。同番組では周辺に住むホームレスの人たちを（ホームレスなのにテレビを所有して「優雅な生活」を享受している）「多摩川リバーサイドヒルズ族」だと揶揄して扱い、その後の放送でもこの男性を「乱暴な人物」として描いて批判的な放送を続けた。

だが、たまたまこの男性を筆者の大学の教え子が以前ドキュメンタリーで取材したことがあり、「温厚でやさしい人だった」というので直接訪問して聞いてみたら、TBSの取材班が本人に「カメラの前に怒鳴って登場してほしい」などと依頼していた事実が判明。一種の「やらせ」ではないかと筆者がネットニュースなどで問題提起したところ、NPO「もやい」理事長の大西連もホームレスの人たちの描き方には問題があるとネットニュースで指摘。結果的にTBSは「不適切な演出があった」と番組内で謝罪した。BPO（放送倫理・番組向上機構）の放送倫理検証委員会も審議の末に、「人間性を否定するような強烈な言葉だけをピックアップした編集や表現方法には弁解の余地がない」として、「放送倫理違反」と認定した。BPOの結論が下される前に、TBSは社員やスタッフを集めて、「もやい」大西連理事長を講師にする社内研修会を実施した。参加したスタッフが「話を伺えば伺うほど、過去6回も含めて、いかに浅い取材で放送を出していたか再認識した」などと感想を寄せたことがBPOのホームページに記されている。

残念ながら、テレビで「貧困」を扱う場合、特にニュース番組やドキュメンタリーなどの報道番組ではなく、バラエティー色もある情報番組になると、取材側や制作側はこうした浅い問題意識で番組制作をしてしまう現状もまだ根強い。

◆話題になったものの「貧困」の文脈でテレビにあまり登場しなかったテーマ

困窮者支援の現場で、支援者らが重要な課題として話題にしていたのに、テレビでは貧困との関連であまり報道されなかったり、報道はされたものの他の貧困をめぐるトピックと比較すると、さほど長く放送されたといえなかったテーマがある。参考までに紹介したい。

①ハウジングプア（住まいの貧困）

リーマン期に湯浅誠が事務局長を務めていたNPO「自立生活サポートセンター・もやい」で理事長を務めていたのが稲葉剛である。「もやい」は湯浅と稲葉という同時期に東京大学に在学していた2人が設立した団体だ。現在、稲葉は一般社団法人「つくろい東京ファンド」の代表理事を務めているが、彼が２００８年頃からメディアなどで提唱している貧困の問題が「住まいの貧困」（ハウジングプア）だ。稲葉はこれを「貧困ゆえに居住権が侵害されやすい環境で起居せざるをえない状態」（住まいの貧困）という言葉で問題を概括的にとらえるべきだ』と主張した」[*3]と記す。

稲葉は、住まいの貧困が拡大した背景として、労働領域でのワーキングプアの拡大に加えて、住宅領域においても借地借家法の改正で定期借家制度の導入や家賃保証会社の参入などによって、公的な介入が減少して居住権が後退したことをあげている。[*4]稲葉はこの問題意識をさらに進めて、「ハウジングファースト」の取り組みにも参加している。１９９０年代にアメリカで始まった支援の方法で、ホームレス状態の人に対して、治療や訓練などの支援とは別に「まず住宅を提供する」ことを優先させた結果、驚くべき効果があったことを参考にした。ホームレス状態にある精神障害者や知的障害者への支援活動を進める精神科医の森川すいめいらと連携して「ハウジングファースト東京プロジェクト」[*5]を実践している。

「ハウジングプア」あるいは「住まいの貧困」のテレビでの報道をみると、２００９年に５分12秒、２０２０年に４分20秒に過ぎない。稲葉がメディアなどでこの言葉を使って発信してもテレ

＊3　稲葉剛著（２００９）『ハウジングプア　「住まいの貧困」と向き合う』（山吹書店）
＊4　稲葉（２００９）前掲書
＊5　稲葉剛・小川芳範・森川すいめい編（２０１８）『ハウジングファースト　住まいからはじまる支援の可能性』（山吹書店）

図15　「住宅」の報道（貧困・困窮・生活苦関連）

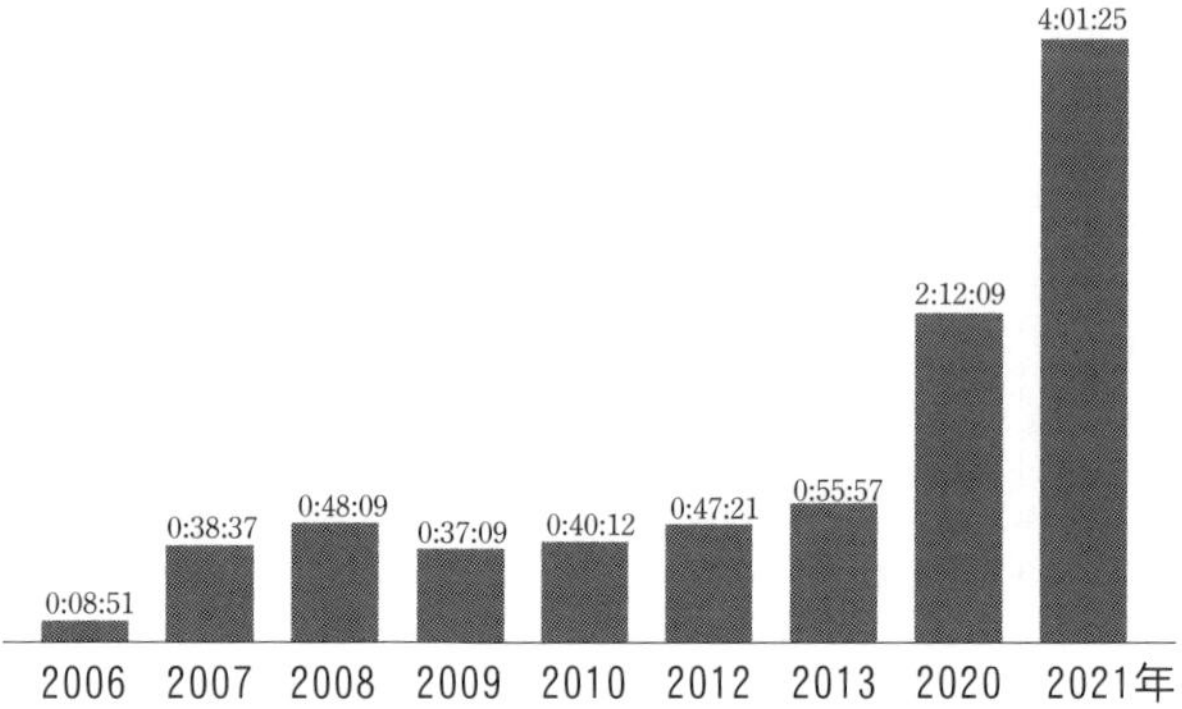

ビが頻繁に扱うほどには浸透していない。他方で、貧困、困窮、生活苦に関連する報道で「住宅」にかかわる放送時間を抽出したのが図15だ。これを見ると「住宅」の問題についての報道は年々多くなっている。２０２０年、２０２１年のコロナショック期においては飛躍的に増加していた。コロナ禍で住宅確保給付金について報道されたことや国政選挙でも住宅をめぐる手当が争点のひとつになった影響が大きい。

②　ブラック企業

２０１２年12月13日にフジテレビ「スーパーニュース」で「大学3年生就職説明会解禁・就職活動本格化・ブラック企業に要注意」という放送内容で7分17秒放送。ブラック企業に関する若者の相談に応じているNPO法人POSSEが登場していることがTVメタデータからわかる。また、２０１３年９月３日にテレビ朝日「ワイド！スクランブル」で

「派遣切りされ、生活保護を申請中の男性に話を聞く。生活困窮者支援団体・NPO法人『ほっとプラス』の藤田孝典代表理事は、厳しい現実があると訴える」などの内容で6分35秒。2013年10月3日にTBS「NEWS23」で「残業代不払い、長時間労働、パワハラなど違法な労働を強いる『ブラック企業』について被害を訴える声が後を絶たない」としてNPO法人POSSEが登場し、14分6秒放送された。

「ブラック企業」は2013年の「新語・流行語大賞」でトップテンに選ばれ、12月3日のNHK「情報まるごと」で流行語大賞30年の歴史が特集されて5分35秒放送された。

③ 子ども食堂

図16は貧困・困窮・生活苦の文脈で「子ども食堂」がテレビ放送に登場した時間をまとめたものだ。子ども食堂は2012年頃から全国的に広がり始めた活動である。

90ページに登場した「活動家一丁あがり!」講座の2期・3期生の栗林知絵子（第Ⅱ部で詳細にインタビュー）は、2012年に「豊島子どもWAKUWAKUネットワーク」を設立したが、同ネットでも2013年から「要町あさやけ子ども食堂」を開始した。栗林は湯浅誠や内閣府、厚労省、農水省、文科省、全国社会福祉協議会などと協力する形で子ども食堂を全国各地に広げるための「広がれ、子ども食堂の輪!全国ツアー」（2016年~2019年）の実行委員の代表を務めた。

「子ども食堂」を全国に増やして行政や企業、地域などが力を合わせて様々な社会問題の解決に

図16　「子ども食堂」の報道
（貧困・困窮・生活苦関連）

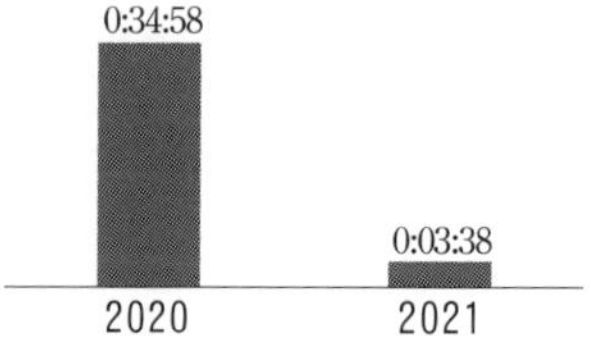

つなげようとする湯浅が理事長を務めるＮＰＯ法人「むすびえ」の調査によれば、２０１６年当時に３１９だった全国の子ども食堂の数は２０２１年に６０００か所を超えるほどに増えた。この背景には湯浅や栗林の「活動」の成果があることは疑いない。他方でテレビにおいて「子ども食堂」は「貧困」との結びつきではさほど報道されていない現状もある。以下、見ていこう。

２０２０年12月24日のフジテレビ「Ｌｉｖｅ Ｎｅｗｓイット！」では「コロナ禍で生活に困窮する人が増えるなか、『子ども食堂』が２０１９年に比べて4割近く増加していることがわかった。〈コメント〉湯浅誠（ＮＰＯ法人むすびえ・理事長）」として1分15秒放送されている。ここでリーマン期に「貧困問題」を語る識者の代表だった湯浅誠が久しぶりに登場している。

ただ、「子ども食堂」の数がこれほどハイペースで急増しているにもかかわらず、「貧困」「困窮」「生活苦」の文脈での報道時間がこれほど少ないのはなぜなのだろうか。湯浅誠ら子ども食堂を推進する側が、「貧困」と結びつける文脈で報道されることをこの間、避けるかたちで発信してきたことが強く影響しているのではないかと筆者は見ている。

「子ども食堂」＝貧困状態の子どもたちが行く場所というイメージが広がることは、そこに通う子どもたちに負のレッテルを貼ることにつながりかねない。実態として貧困との結びつきがあるとしても、「（貧困状態にある子どもだけでなく）どんな境遇の子どもでも行ける場所」としてのイメージを広げようという湯浅ら運動側の強い意図が働いて、こうした文脈では抽出されないかたちになったものと思われる。「貧困」をめぐる報道が、ともすれば「自己責任論」「上から目線」「感動ポルノ」「お涙ちょうだい」「ステレオタイプ」などの反応を招きがちな問題ともつながる課題がそこからも見えてくる。

「子ども食堂」の活動が活動の輪を広げながらも貧困との関連で報道されなかったのは、運動する側がそうしたイメージを慎重に避けてきたからだといえるように思う。そのあたりの意図があったのかなど、第Ⅱ部で湯浅自身に直接、聞いてみたい。

おわりに
——「みんなの問題」という共感を広げるために

本書での知見は、過去の放送データを素材に浮かび上がった「断片」である。冒頭で触れたとおり、対象年すべてを網羅していない点など、研究にはいくつかの限界がある。

ＴＶメタデータによる分析は当初、生活保護だけでなく、生活困窮者自立支援制度や様々な問題をめぐる報道など、かなり広範囲なものを想定していた。だが、実際に分析を進めてみると、テレビ報道が「多くの人にとってわかりやすいものを取り扱う」という性質から、制度や法律に関して詳細な問題を議題として設定していないことが判明した。むしろ、リーマン期の後半から急速に議論が進んだ生活保護の制度も、扶養義務についてどう考えるべきかという芸人の家族の問題をきっかけに焦点になった問題を検証しないままで終わっていることがわかってきた。

本書のベースにした研究論文（大原社会問題研究所雑誌２０２２年８月号に掲載された水島宏明著『「貧困」をめぐるテレビ報道はリーマンショック期からコロナショック期にかけてどう変容したのか—生活保護を中心に」）は「データからわかること」に撤して完成させた。一方で、「データからわかること」だけでは表層的な知見に終わる傾向があるため、大幅に加筆して、筆者が過去に取材した番組や当時どのような活動にかかわっていたのかなどを書き加えた。

リーマン期からコロナ期にかけての期間、それは日本社会で働き方の非正規化や細切れ化が一気に進んで、社会の貧困化が進んだ時期である。その時期はインターネットの拡大のなかでテレビや新聞といった「マスコミ」と言われた既存メディアが人々の信頼を失い、世論形成における影響力を失いつつあった時期とも重なり合う。当初はネットにおける俗語だった「マスゴミ」という言葉は、いまや多くの人が口にする単語になった。

そうしたメディア環境の激変のなかで、貧困報道が着実に発展してきたとは言いがたい現状がある。テレビに関しては、現在も「迷走」を繰り返し、貧困者を「一生懸命がんばる人」として示すステレオタイプや一種の感動ポルノ的な描き方、他方では女性の貧困者が売春に走っているとする性的な興味を強調する描き方も目につく。貧困の実相を映し出し、複雑化する実態を視聴者に届けようとする「覚悟」が伝える側にはたしてどこまであるのか、疑問な面も残されている。

◆自己責任論の「壁」という古くからの課題

筆者は2012年にテレビ局を退職して大学の研究者になったが、以来、テレビや新聞で貧困報道に従事する報道人に話を聞き取ってきた。ときおり報道人を招いて貧困を研究する大学関係者とシンポジウムを実施するなどして、日本で貧困問題を伝える際の課題を研究してきた。

そうした折りに多くの報道人が共通して提示した課題が「自己責任論」の壁であった。「貧困になったのはその人のせい。それなのに社会のせいとか、社会で支援すべきだというのはおかしい」という「自己責任論」。年越し派遣村など支援の現場でも、困窮した人たちを個別に取材すればするほど、困窮者には家族や教育、病気や障害などの「不利な要素の連鎖」が背景になっているケースに直面した。「社会」として何とかすべき問題なのではという実感を筆者は持った。それなのに伝えるときには「自己責任論」の「壁」が常に立ちはだかった。

筆者と同様に貧困問題を比較的熱心に報道していた報道人も、所属する組織の内部で取材前に上司や同僚たちに相談すると、「それは自己責任だと片付けられる問題ではないのか」という「自己責任論」の壁がまず社内で立ちはだかったという人が少なくない。テレビも新聞も一般の視聴者や読者に届けることが目的だとすると、報道の「受け手」であるその人たちに共感してもらえるような番組や記事にしていかないと、報道は説得力を持たないものになってしまうという理屈だ。

このため多くの人が共感しやすい「がんばっている貧困者が報われない」という一種のステレオタイプがつくられてそこに収斂することになってしまう。他方で、「がんばっているように見えない人」は撮影や取材対象から除外してしまうケースも必要悪として容認することになってしまう。登場する貧困者は「けなげに禁欲的に絶えず努力する」人であることを暗黙裏に求められる。貧困者が趣味を持ち、趣味にお金を遣うことなどは許されない、眠る間も惜しんで努力すべきだ、とする貧困者に対する「禁欲の要求」「上から目線」も、報道人の側にもある「内なる自己責任論」という壁と結びついていた。報道人の多くはいまもこの「自己責任論」という壁と闘っている。

こうしたなかでテレビなどの既存メディアのあり方も大きく変わりつつある。弱い者に対してよってたかって攻撃する、容赦のない「不寛容」がネット時代にいっそう目立っている。他方で、これまで声を上げられなかった女性たちの切実な問題など少数者の声に共感が広がるなど、これまで経験したことがないフェーズに入っている。

◆新聞・テレビとネットの両方での多様な発信にこそ希望

間メディア社会はますます〝普通〟の光景になり、放送局が放送とともにインターネットでも発信し、「貧困」のようなデリケートなテーマにおいても放送とネットの両方で報道することで、多くの人の理解や共感を得る方法が功を奏するようになってきている。その代表的な成功例がNHKの「生理の貧困」キャンペーンである。

さらに筆者はNHKが2020年5月8日に公式ホームページ「政治マガジン」に掲載した「〝ネカフェ難民〟約4000人　いまどうしているのか」という記事に注目した。食料支援の現場などを取材した記者が書いたものだ。「緊急事態宣言が延長されるなか、仕事や居場所を失い、路上生活を余儀なくされている人たちの暮らしは、日々、深刻さを増しています」としたうえで、路上生活3週間以上になる57歳の男性や「もう限界」というメールを記者に送ってきた33歳の男性が所持金ゼロで3日間何も食べていない状況を伝えた。

既存メディアがネットと両方での発信が可能になってきている今日、こうした積極的な発信をする報道人に期待したい。

まとめていえば、21世紀初頭の20年あまりの期間は、日本において「貧困」が改めて再発見された時期だと言うことができる。リーマン期からコロナ期になって、ロシアへのウクライナ侵攻の影響が続く現在、この「貧困」の問題は深刻さを増している。ネット時代には「共感」をいかに得られるのかはこれまで以上に重要だ。そうしたなかでテレビや新聞などの既存メディアの報道人がいかに本業の報道とネットでの発信を組み合わせて共感を広げていけるのか。それが今、課題になっているように思う。

全体としてかなり断片的な分析となってしまったが、断片をとおして21世紀の貧困についてのテレビ報道の姿や課題のありかはおぼろげながら見えてきた。

本書には「リーマン期」において筆者自身が取材者・番組制作者など報道の当事者でもあったという個人的な要素がつきまとう。厳密さを期すべき研究としての価値がどこまであるものになっているのか正直、自信はない。それでもこれまではなかった貧困報道に光をあてつつある手応えはあった。

今後多くの研究者がさらなる知見を得るための土台になれば幸いである。

本書執筆にあたって、ＴＶメタデータを快く提供してくださった株式会社エム・データには深く感謝申し上げる。

第Ⅱ部

証言：2つの「貧困」の時代をどう見るのか

——支援者・報道当事者インタビュー——

まえがき——貧困報道の主人公たち

貧困報道でテレビによく登場した人物——大半は困窮者支援の活動家たち——は、実際にどのような活動をしていたのだろうか。どのような問題意識を持っていたのだろうか。彼らが向き合ってきた「貧困」は、いったいどのような姿をしていたのか。リーマンショック期の前後からコロナショック期の前後にいたるなかで、その意識が変化することはあったのだろうか。

第Ⅰ部で登場した困窮者の支援活動をする活動家らに直接インタビューして問題意識を探ろうというのが第Ⅱ部である。

支援活動の実践で、ある時期の貧困報道をリードした論客、その後、政府などで政策決定に関わった人、そうした活動とは少し距離を置いて批判的に見ている人もいる。加えて、メディアの人間として貧困報道に関わる人にも、困窮者の支援活動に参加する人が現れるなど、貧困報道の現場では、支援活動をする者と報道する者の立場が必ずしも峻別されているわけではない。それぞれが貧困問題に何らかのプレイヤーとして、いろいろなかたちで参加している。

第Ⅱ部ではそれぞれの人物たちの生の声に耳を傾けてほしい。それぞれ個人的な視点での貧困活動家や貧困報道者の「物語」になっている。

個々の物語はときに互いに矛盾していたり、対立していたりもする。そうした矛盾を、筆者としてあえて整理していない。読者には生々しいままに体感してほしい。登場の順番は、それぞれの人物がメディアで活躍した時期で並べているが、筆者の個人的な記憶に基づいた順番にすぎない。「貧困活動者」や「貧困報道者」らの人間くさい生の姿が立ち現れるように届けたいと思う。

湯浅　誠

「派遣村村長」「反貧困の男」のイメージを背負って

「すべての人を味方に」の精神で〝子ども食堂〟に取り組む

21世紀に入って、日本社会が「貧困」という言葉を認識したのには、この人の存在がある。

東京大学法学部から同大学院に進んで政治学を研究していた頃の1995年に、渋谷の「のじれん」（渋谷・野宿者の生存と生活をかちとる自由連合）でホームレス支援活動に参加。2001年に稲葉剛とともに「自立サポートセンター・もやい」を設立。事務局長として毎週、生活困窮者の相談に応じて生活保護の同行申請などを繰り返す。そのなかで得た知見を元にメディアに対して貧困の構造を説明した。貧困というのは「〝溜め〟がない状態」[*1]という彼の説明や、貧困状態に至るには「5重の排除」[*2]があるという解説は、個々の困窮者のケースを分析したものだった。湯浅はこうした論考をまとめた岩波新書『反貧困』で大佛次郎論壇賞を受賞した。

メディアがキャンペーン報道した「ワーキングプア」も「ネットカフェ難民」も、この人が解説したことで説得力を持った。2008年末の年越し派遣村で「村長」を務める姿がテレビで放映されて一躍、誰もが知る顔になった。2008年、9年当時、新聞でもテレビでも彼の名前を見ない日はないほどだった。

2006年頃から労働組合、研究者、野宿者支援団体、女性団体、障害者団体、シングルマザーの問題に取り組む団体、メディア人など貧困問題にかかわる様々な団体や個人に声をかけ、非公式な会合を主催した。その流れで2007年に「反貧困ネットワーク」が発足、事務局長を務める。

2009年、民主党政権で内閣府参与に就任。2011年3月に東日本大震災の発生後に内閣官房震災ボランティア連携室長に就任して4月から社会的包摂推進室長も兼任し、2012年3月まで務めた。

その後、「子ども食堂」を全国的に普及させるための活動に軸足を移すようになり、2018年、「全国子ども食堂支援センター・むすびえ」を設立した。東京大学特任教授、「むすびえ」理事長として政府が関与する様々なプロジェクトにも関わって活動している。

＊1　湯浅誠（2008）『反貧困 「すべり台社会」からの脱出』（岩波新書）、湯浅誠（2009）『どんと来い、貧困！』（理論社）など。

＊2　湯浅誠（2007）『貧困襲来』（山吹書店）で人が貧困にいたる過程として「教育課程からの排除」、「企業福祉からの排除」、「家族福祉からの排除」、「公的福祉からの排除」の4つの排除があり、最後には「自分自身からの排除」にいたると説明した。

●あの頃は必然だったが、貧困問題を認めさせるフェイズはもう終わった

――リーマンの頃の湯浅さんの活躍はすごくて、日本社会に貧困を知らしめた人でした。テレビのデータでも明らかですが、ご自身はどう振り返っていらっしゃいますか？

湯浅　あのときは必然だったとは思っています。いま戻ったとしても同じことをやるんだろうと思います。ただ、いまはあのときとフェイズは変わったと思います。あのときは貧困問題を認めさせるために一生懸命やりましたが、政府が認めた後は、そこにこういう問題があるんだ、と突きだしていくのは自分の仕事ではないと考えていて、そこまで手が届かなかったところにどう届けるかということに問題意識は向かっていきました。内閣府での3年を経てということです。

――湯浅さんは、長いこと自己責任論を克服すべき課題だと提起していましたが、いまだに克服できていません。貧困を社会が創り出している、という根本を理解しない人が多い状況です。

湯浅　自己責任論を克服する世論の形成が自分の仕事ではないとは思わないですが、貧困の問題が「ない」といわれたところから、「ある」というところにしていく仕事はできたと考えています。一度「ある」となったら、次の段階として、女性の貧困、高齢者の貧困、子どもの貧困、と自ずといろんな問題に移ります。それらも「ある」ということになり、実際にそうなりました。

それまで放置されていたのが、いったんそこに目を向けると、いろんな問題がゴロゴロして、

どんどん掘り起こす感じになった。つまり、一回あるとなれば、みんなが勝手に掘り起こす。そういう意味で、個々の貧困問題を逐一突きだしていくのは自分の役割ではない、と思いました。

で、むしろ課題だと思ったのは、一つは相対的貧困の問題ですね。私はいろんな意味でシビアな人を突きだしてきました。そうじゃないと社会に受け入れてもらえなかった。そこはメディアとの共犯関係だったと思うんですよ。でもやはり、相対的貧困が可視化できていなかった。それがわかりやすい形で出たのが、2016年のNHKの貧困高校生のバッシング事件だと思います。

私はあの年に子ども食堂[*3]に関わっていますが、子ども食堂は、そういう黄信号の人たち、ぱっとみてわからない相対的貧困状態の人たちも来られる場所です。とくに貧困問題に対して強い意識を持っていない地域のおばちゃんたちとかも含めて、子どもの貧困を支える活動に関われて、なにか活動をやっちゃってる、広い支援の場所として間口を広げ、爆発的に裾野を広げています。

単純な比較はできませんが、反貧困ネットワークを呼びかけたときに、全国で「反貧困ネットワーク○○」が幾つできたか正確にはわからないけど、20とか30でした。いま、子ども食堂は60

＊3　子ども食堂の「子ども」の表記は、子供食堂、こども食堂など、語り手やメディアなどで微妙に違う。湯浅は「こども」をよく使用するが本書では「子ども食堂」で統一する。

00以上ですから、広がりの桁が違います。それだけ多くの人がこの問題に関われている状態を創ったのは、やはり子ども食堂というコンテンツの強さ。貧困問題に対する私のアプローチが変わって子ども食堂に関わることで、さらにアプローチの仕方も変わっていったのかなと思います。

たとえば、自己責任論けしからん、と正面から論破する感じではなくてね。そこで論破できるような人はもう論破されていると思うので、論破できない人にどう聞く耳を持ってもらうか、みたいなところでアプローチの仕方も変わっていくと思います。それまで手を広げられないところにこの10年取り組んできたというのはそういう意味です。

いままでリーチできない人にアプローチする。いままでのやり方で「そうだそうだ」といってくれてる人は、既に「そうだそうだ」といってくれているので。その外にいる人たちにアプローチする。そのためにアプローチを変えた。あのときに、真っ赤っかの赤信号を「貧困問題だ」といってきたのを、黄信号のところまで広げるために取り組みをしている、という意味で、それまで力が及ばなかった、手が届かなかったところをやっている、という10年って感じでしょうか。

——そういう意味では政府とか企業とかとも手を携えてというアプローチですか？

湯浅　政府はなかなか時間がかかりました。去年2021年からOKになり、いまは一部やれるようになりました。大西連も政策参与になりましたしね。内閣府参与という立場で政策決定に携わったことでそれまでの限界を感じ、その限界を打破するために異業種交流会に出たりしました。

　覚えているのは津田大介さんに誘われてＩＢＭの富士会議っていう、日本の30代40代を集めた産官学の１泊２日の催しが年に１回あるんですけど、それに出始めたり。そのようにしてウイングを広げていって、そのスコープの中に子ども食堂が入ってきて、子ども食堂というコンテンツの強さで、さらに企業との関係が深まった、広がった感じですね。


――参与をしていらした頃に、自分の中で問題意識の変化が芽ばえたのですか？


湯浅　参与を辞めるあたりの頃がいちばん意識の変化が大きかったですね。あのとき私が関わった予算が60億です。国家予算の１６０００分の１。予算ぶんどれればいいことができるってわけでもないといまは思ってますけど、あのときはいろいろやったけどこの程度かっていう気持ちもあって。そうだそうだといってくれる人が１００万人ではダメだっていうことなんですよね。１００万人は人口の１％。それでは最後、予算のぶんどり合戦になったときに勝てない。

　社会運動って２段階あると、あのときも思ったんです。反原発の運動が盛り上がっているときに思いました。結局、社会運動の第１フェイズというのは、ある種エッジを立てる。そこが求心力を生み出す。だけど、ある程度それがうまくいったときに、交渉が始まるフェイズが来ます。テーブルについて政策などの決定権限を持っている人たちと交渉・調整する段階です。

　テーブルについたときにどうするかっていうのは、それまでとは違う振る舞いが求められる局面があって。極端な話、１００かゼロかでは交渉は成立しないので、ギリギリ51対49を目指すみたいなところがどうしても生まれるわけです。それまでのエッジを立てるフェイズとは違う振る舞いになるわけです。私はそれで、中に入って交渉して、獲得できるものを獲得するほうを選んだのだけど、あの反原発運動は、官邸で当時の野田首相（当時）と交渉する場はつくったけれども、そこで何かを獲得する方向では動かなかった。たぶん、最初から言いたいことを言って帰ってくるつもりだったのではないかと思います。そこは社会運動の選択です。私自身は、あれを見て、私自身がフェイズが変わったところで振る舞い方を変えたんだと、つくづく自覚しました。

●子ども食堂は「貧困問題ではない」というジレンマ

――ライフワークとして、貧困というテーマは変わっていないですか？

湯浅　変わっていないし私はそれ以外できないですね。ただ、いまはどう進もうと思っているかといえば、その「貧困」を表に出さないことで進めようとしているんです。

子ども食堂は貧困の子どもたちの場所だって言われたら、地域の人たちの反応がどうなるか。貧困の子はどこかにはいるんだろうからそういう活動は必要なんだろうけど、うちの地域じゃないよねっていう結論になる。そこで子ども食堂はその地域の交流の場でもあるんだ、ということを強調することで、結果的にそこにそういう場所ができて、来ている子たちの中に、にかっと笑ったらぜんぜん歯がない、みたいな子がいたり、親子の関わりのなかで、この親はちょっと心配だと発見される親がいて、結果的に対処することが起こっている。子ども食堂は貧困問題に対処するための取り組みなんです、と言っちゃったら、いまの６０００か所にはならない。なので、それを言わないことが貧困問題の対応を進めることになるという、そういう関係性ですね。

私が貧困問題をやってきた人だということを知っている人は結構います。その私が子ども食堂をやっていると、子ども食堂を貧困と関連づけてみられかねない。なのであえてこの間、とくに私は気をつけて、そこを消してきました。が、ちょっと大丈夫になり始めました。なぜかというと、これまでの取り組みが奏功してくるなかで、政府も含めて子ども食堂を貧困対策という位置づけじゃなくする、みんなの交流拠点だというふうに位置づけ始めているので。そうするとこんどは逆に、貧困問題の対応も重要な機能だよね、この場は、っていうことを、むしろ私から言っても大丈夫になってきて。ベースがそっちに決まれば、今年はまだ早いけど、来年再来年あたりはちょこちょこっとそういう問題意識を出せる。

――そのへんがわかりにくいというか。少しでも湯浅さんを知っている人間からすると。

湯浅　しょうがないんですよ。私のことを理解してくれるかどうかは私にとってはあんまり大事じゃない。大事なのは取り組みが進むこと。

――湯浅さんがリーマン期にやっていた活動の一つに「活動家一丁上がり！」講座があって、それを経て、たとえば、栗林知絵子さんが立派な活動家になったり、あの頃にまいた種がいま芽を出していますね。あるいは貧困問題研究会とか。当時の湯浅さんのセンスはすごい、という感覚はいまも私にはあります。先ほど、いま同じ状況だったら同じことをした、とおっしゃっていましたが、いろんなことを考えながらされていたんですか？

湯浅　それはもちろんです。そのときを第一に考えてやっていました。

――コロナになって、いまも貧困の問題はかなり深刻だったりするなかで、湯浅さん不在というか、困窮者支援というジャンルにおいては湯浅さん、フェイドアウトしているように見える、どうなってるんだっていうか…。そのあたりは？

湯浅　フェイドアウトしてるかなあ。

――湯浅さんは、「もやい」にいらした頃は生活保護の問題をすごく意識して、本も書かれたり、発信されたりしていました。２０１２年の生活保護バッシングあたりから生活保護についての発信をされなくなったような…。

湯浅　そうかもしれません。

――それはなにか理由があるんですか？

湯浅　２０１２年、12月の選挙で自民が勝つのは確実だというなかで、自民党は生活保護予算一律８０００億引き下げを打ち出しました。私はその年の3月まで内閣府参与をやっていました。なぜ参与を辞めたかといったら、4月から生活困窮者自立支援法に向けたモデル事業が厚労省に移管することが決まって、いよいよ法制度になる道筋がついたからなんです。それは第二のセーフティネットという形で、民主党政権の置き土産。そして再度の政権交代が起こって、２０１３年になります。そのときに選択肢として現実にあったのは、生活保護が切り下げられて、かつ、困窮者自立支援法もなくなるか、生活保護は切り下げられるけれども困窮者自立支援法は残るか、この二つに一つでした。生活保護も切り下げられず、生活困窮者自立支援法も成立する、という選択肢の可能性はなかった。私は、生活保護は切り下げられたとしても、困窮者自立支援法を残すというほうがまだましだということで、後者を選択しました。で、あの頃に直接話さなくしたんです。そこで私が騒ぐと、困窮者自立支援法自体も流されちゃう、と思ったからです。

——困窮者自立支援法自体は、現場レベルではかなり使えない制度という声がありますよね。

湯浅　でもねえ、完璧なものではないので課題はあるでしょうから、課題があるのはそのとおりだと思うんですが、じゃああの法律がなかったら大変だったと思いますよ。あの法律に基づく相談窓口における年間の相談件数はたしか70万件程度です。

——そうですか？　当時の湯浅さんがエネルギーを注いだことって、ワンストップサービスもそうだし、言葉としては使われるものの、あまり継承されていない感じはあるんですが。

湯浅　まあ、そんなにすごい成果は出せていないですよね。ワンストップサービスも言葉として継承されているのはいいことだと思うし、困窮者自立支援法もできたけれども、それは課題がないかっていったらあるし、ワンストップだってそんなにきれいにできていないってのはそのとおりで。だからですよね、そこにいわば限界があると思った。

——限界っていうのは貧困問題全体にストレートに関わること？　政策として関わること？

湯浅　両方ですね。極論すると、世論が十分にないなかで、政治的なネゴシエーションだけでうまくなにかを勝ち取ろうっていうのはやっぱり限界があるんですよね。裾野が十分広がって、多くの人がいいことだねというふうになって、結果的に政策が進んでいく。

これは因果関係を誰も立証できないけれど、たとえばこの4、5年、中学校の給食実施率がすごく上がってるんですよ。ずっと85、86%だったのが90%超えたかな。それは子ども食堂などの広がりだと思います。給食実施率を促す質問をする議員さんがいろんな市議会で出てきていて。だけど子ども食堂として陳情したことはないんですよね、私の知ってる限り。

やはり世論の動きっていうのはそのように伝わっていく面があります。狭い支持基盤のなかで、ロビーイングを中心に、あるいは政策的なプレッシャーをかけることを中心になんとかするという従来型のアプローチではないかたちを、子ども食堂では模索しています。

――いま、湯浅さんは「むすびえ」理事長としてロビーイングみたいなことはしてないですか？

湯浅　子ども食堂に関しては、「政策にするな」というロビーイングはしています。政策にしちゃうと第二の学童保育になるので。いまある多様性が失われるし、高齢者も来られなくなるしね。全世代の、分け隔てなく、地域に線を引きたくないと思ってやっている人たちの持っている強みが失われるので。従来型の発想で政策にするのはよくない、ということは言っています。

●卒業した人間が口を出すべきではない

――かつて湯浅さんが中心メンバーだった反貧困ネットワークとか「もやい」も含めてコロナでまた困窮者支援をやっていますよね。ああいう活動をどう見ていますか？

湯浅　私はコロナ前もそうだったけど、基本的にはそこにいる人たちの納得感が大事だと思っています。いま、反貧困ネットワークは瀬戸さん中心にやってるじゃないですか。その人たちが納得感を持ってやっているならそれで素晴らしいと。「もやい」が20周年のときだったかな、シンポジウムのようなイベントで大西と対談をやりました。いま、「もやい」にどうしてほしいとかありますか、とか聞かれましたが、私、そういうのないんですよ、昔からですが。どうでもいいってわけじゃなくて、やっぱり私は嫌なんですよね、逆の立場だったら。卒業した人にあーだこーだ言われるのは。基本的には、私は卒業したんだから、その人たちはもう、自分の必然性と納得感に従ってやるのが大事。それに従ってやってるんだったらそれでいいじゃないかって。

――日本でも活動家が必要だという問題提起を持って、「一丁上がり！」講座を始めたとき、栗林さんのように育った人もいました。先日、ＰＯＳＳＥに行くと、若い女性たちがすごく育っているという話を聞きました。周りでもそうした活動家やアクティビストは育っていますか？

湯浅　子ども食堂の世界ではものすごく育っていますよ。デモをやるような活動家じゃないかもしれませんが。でも、地域をみて地域の人たちを包み込みながら場を創る。場を創るのが活動家ですから、そういう意味では子ども食堂の世界でもたくさん生まれていますよね。

――今回、テレビ報道を中心に分析してみたら、２０１０年過ぎてネット、ＳＮＳの影響が読みとれます。２０１６年の貧困女子高校生の事件などはまさにＳＮＳで起きた問題といえます。

報道する側は当事者に顔を出して番組に出るよう説得します。あなたのことは全力で守りますと。でも守りきれないことが起きてしまった。貧困女子高生問題は、メディア環境の変化でＳＮＳでの悪意を過小評価したことが背景にあると思います。報道する側がそこに不用心だったのでは？

湯浅　そこは水島さん専門家だからそうなのかもしれませんが、私はそれこそあの2005〜7年の頃から、当事者が顔を出すことは、ものすごく大変だと思っていました。メディアに出たことで二次被害に遭うんで。とくにシングルマザーはほんとうに出せない。出したらひどい目に遭うということもある。若い男性でもそうでした。だからもやいの事務所で共同で会見を開いたりしました。とてもじゃないけど、一人では向き合えさせない。ディレクターが共感してくれて、よい番組をつくってくれたとしても、視聴者が叩いてくる。

そこには赤信号ばっかり取り扱ってきたという私自身の責任もあると感じてきました。当時から、隙があったらそこをつつかれる叩かれるっていう感覚はすごく持っていました。ある意味、純粋な被害者でなければ世間は許してくれない。だけど、当事者も実際にはいろいろな人がいるので、それこそいろんな、突っ込まれるところがあるじゃないですか。なので、そういう面を私も出せなかった。それが相対的貧困の黄信号状態を見えなくする原因だと思ってるんですよ。

あの炎上した高校生は「ONE　PIECE」の映画を7回観ていました。だとしても相対的貧困の子に変わりはない。けれど、それは一般の人からすると貧困じゃないとなる。だから叩かれたんだけど。私、貧困の人が映画を7回観ることもあるんですよって、2006、7、8年にそんなこと一言も言ったことないですもん。明日にでも死んじゃいますよ、いいんですか？　という言い方ですから。だから、あの炎上してしまった女子高生に対して、自分は責任があると思ってましたよね。責任をとらないといけないと思っていた。

●相対的貧困を理解しない層にも届くようにアプローチを模索して

——貧困女子高生みたいなケースが起きたときに、いやあれも貧困なんですよって、湯浅さんみたいな影響力のある人が言っていれば、そうかと納得する人が相当いたのでは？

湯浅　既にあのときは、あれも貧困だと言う人はいっぱいいたんですよ。でも私、それではダメだと思った。そこがアプローチの違いです。テレビに騙されたと思ってる人に対して、あんた相対的貧困って知らないの？　日本でいう貧困って相対的貧困のことなんだからあれもありなんだよって言っても、受け入れてもらえるとは思えなかった。分断された一方の側に入ってしまうだけです。その中では「そうだ、そうだ」って言われるでしょうけど。テレビで貧困女子高生は1000円のキーボードしか買えないと言ってるのに、1700円の映画を7回観てるじゃん、とその人は思っている。騙されたと思ってる人が、そうだったか〜、俺が間違ってたか〜、俺が無知だったからか〜って、思うかっていうとそう簡単ではないと思うんですよ。

なので、あんた騙されたと思ったよね。そうだよね。ということを一回飲み込んで、そのうえで、こういう面もあるんだよ、という話をしないと。私はその人にこちらの言葉を受け入れてもらえるスペースが生まれないって思って、そういうアプローチをしているんです。

——湯浅さんはもう少し外に、理解がなさそうな人も含めて届くような言葉を探している？

湯浅　私は2006、7年の、世の中全体としては貧困問題が認められないときに、でも貧困問題あるよねといって活動しました。それこそ派遣村もそうだけど、そうして私たちが活動するなかで、この問題に関わってやりはじめた人たちがいます。そういう人たちは、別に私が言わなくてもわかっている。だからもういいわけですよ。私はそうじゃないところを開拓したい感じなので、だからアプローチも変える。自分としては新しいところを切り拓きたかった。子ども食堂で貧困についていっていないのも含めて、貧困問題を捨てたみたいに言われることもあるようですが、それもあまり気にならない。貧困問題は私にとってはライフワークなので、私自身が認められないことぐらいは気にならない。そんなことより、取り組みが進むことのほうが重要です。

実は昔から、もやいで相談をやりはじめたときは、おまえは路上支援を捨てるのか? と言われ、反貧困ネットワークをはじめたときは、もやいを捨てるのか? ホームレスを捨てるのか? と言われ。参与になるときは、運動を捨てるのか? と言われ。自分なりに次のステップに進むと、そのときにいた仲間は、置いていかれた感じになるところがある。でも私が新しいことをやらない、ということにしたら、私に後悔が残る。だから最後は自分自身の納得感です。それは自分にとって必然だったかどうか。

●ゴールは社会的包摂かな

――そういう湯浅さんのライフワークって何をすること、つまりいまの話を聞いていると子ども食堂がゴールではなくて子ども食堂も社会を変える過程の一つに過ぎないということですよね。

湯浅　そうです。

——そうすると、なにをゴールに考えていますか？

湯浅　ひと言でいうと、社会的包摂。誰も取りこぼさない地域と社会と世界ってことになります。ずっとそれをやってきたし、やっていくんだと思います。そういう世界を見ずに死ぬでしょうけどね。それも含めてしょうがないんじゃないかな。行けるところまで行って、あとは次の人たちにゆだねる、それを見ていてくれる人たちがいれば引き継いでくれる人が生まれる。そうやっていくしかない。実際、自分の活動経験を振り返っても、「あうん」[*4]もいま、続けてるし、「もやい」も大西が続けています。子ども食堂も一生やるとは思っていませんが、誰かにまた任せて、そこでの大西が出てやってくれると思うし。そういう意味では経験的につくられてきた感覚なのかなあ。

——「貧困」という言葉はいまも使いますか？　リーマンショックの頃に湯浅さんが主張していた、貧困が政策課題であって政治が解決しないといけない、という考えはいまも同じですか？　それともいまでは、社会的包摂とか、もっと広く考えているのでしょうか？

湯浅　そこは私はニアリーイコールで使っていますけどね。もちろん厳密には社会的排除全般、貧困じゃない人に対するいじめとかセクハラ・パワハラとかを含むので、ＬＧＢＴとか。だか

＊4　企業組合あうん。2001年に湯浅誠が中心になって東京・山谷地区の元日雇い労働者や元野宿者の仕事の場として設立。主にリサイクルショップと便利屋を事業にしている。

ら広いといえば広い。

社会学っぽくなりますけど、排除というのは内外の概念だから、横。貧乏というのは所得が高い低いという、縦。この横の外と縦の下がつながっちゃうのが現代の貧困だと思うんです。所得が低いからゆえに排除されやすい。排除されるから所得も低くなるというふうになっている。昔みたいに、貧乏だけどみんなに囲まれて幸せ、みたいな人が存在しにくくなっている。そういう意味では社会的包摂と貧困はかなり重なっているという認識です。

東海林 智

活動する側にも参加する異色の〝貧困ジャーナリスト〟

働く者の理不尽を見過ごせないと「年越し派遣村」で奮闘

「〝貧困ジャーナリスト〟ですと自己紹介すると『あなたが貧困な記者さんか？　それは可哀想に…』とよく同情される。確かに貧乏なことは間違いない。ですが貧困をテーマに取材しているジャーナリストです」

東海林がこう言うと聴衆はどっと笑う。労組の集会などに招かれて話すとたちまち聞き手を虜にする。人を惹きつける理由にはこれまで取材した相手の人間的なエピソードを正確に記憶しているせいもある。雇い止めで住居を奪われ、路上生活の末に自殺も考えたという非正規労働者らの物語を泣きながら語る。

大学で労働法の教授の下で「不当労働行為」を学び、バイトした毎日新聞の「ゆるさ」に惹かれて同社に入社した。2000年代に大阪の釜ヶ崎で初対面の人相手でも泣いたり怒ったり。令和の時代、これほど涙もろい記者はめずらしい。いつも泣きながら取材する人情家だ。新聞労連という労働組合の委員長を務め、インターネットの隆盛で発行部数減が続く新聞の将来を労組の立場から考えた経験もある。「働く人間」の権利や虐げられる者同士の連帯を大切にする。組合員と一緒に鉢巻きを締めて「団結ガンバロー」と拳を振り上げる。昭和が匂う人間くささで様々な境遇にある「働く人間」の取材を重ねてきた。

彼の名を一躍有名にしたのは、2008年の年末からの年越し派遣村だ。彼は、記者として記事を書くのではなく、運営する側の実行委員として企画段階から関わった。このとき「村長」になった湯浅誠をメンバーに引き入れた。異動で持ち場が頻繁に替わる記者や制作者が多いなかで、自らの意思で労働の専門記者という立場で記事を書き続ける。毎日新聞の他、機関紙連合通信社が労働団体向けに出す連合通信でも記事を執筆する。リーマン期、コロナ期と労働問題を継続的に取材している稀有な記者だ。

●労働問題から貧困問題に広がった大阪でルポを取材

――記者として貧困報道の最初は？

東海林　毎日新聞大阪本社で、日雇い労働者の街、大阪・西成の釜ヶ崎を2年近く取材しました。山一証券の倒産とか2000年代の経済不況がひどい時期です。日雇い労働者が野宿者化していった。仕事がなくなって野宿者になり、釜ヶ崎から大阪市街地に散っていった。野宿者が寝て困るとか、汚いとかの苦情も増えた。労働問題として取材に入ったのが、テーマが野宿問題に移ったんです。

大阪中に野宿者が広がった時期、大阪市が大阪オリンピックを企画しました。長居陸上競技場をメイン競技場にしてオリンピックをと。しかし、長居公園では野宿の人がブルーシートやテントを張っていました。市がテントのおっちゃんらを強制排除しました。オリンピックの会場になるのでと。その人たちをどうするという話になって、大阪市が生活保護の受給の基準を緩めました。テント生活や野宿者だった人に生活保護を受給させて、しかも居宅保護という形にしたんです。

その人たちがこぼれ落ちずに生活していくにはどうするか、野宿者の支援団体などを半年取材して「【細る腕】あいりん1999」[*1]というルポの連載記事をまとめました。肉体労働者が仕事を失い、居宅保護になるまでを追跡したんです。日雇い労働、貧困、生活保護がつながっていました。

――貧困記者としての素地が大阪時代にできあがっていたわけですね。

東海林　西成では差別や貧困や仕事の状況、すべてが煮詰まって見えました。たとえば、ガード下で寝っ転がっている、ハーモニカを吹いて1曲いくらかをもらい、メシ食ってるおっちゃんがいました。話を聞くと、長い飯場生活で仕事がなくなり、ハーモニカでメシ食っている。そ

＊1　毎日新聞（1999年5月に5回連載・大阪社会）【細る腕】あいりん1999「進む階層分化、ボーダー層支援が鍵」など。

れをすごく恥じていました。本当は俺は労働者だ、生活保護は絶対いやや、自分の足で立って歩きたいと。300円たまるとビール買って、酔っ払って寝ていた。あらゆる問題が凝縮されていました。

貧困は労働の問題だと、そこで強く認識しました。がんばったらとか、働けばなんとかなるとかが通用しない世界だと見えてきました。本人の問題もあるにせよ、「働き方」や「使われ方」が根本の問題なのは明白。貧困を報道するときに、労働の視点がとても大切だとよくわかりました。

――大阪のあとで東京に戻ってきて労働担当になるのですね。

東海林　東京に戻ったのは2001年。『サンデー毎日』を2年間やって、2004年に社会部遊軍で労働担当になります。でも1年しかできず、翌年には横浜のデスクをやらされました。2年やってふつうはライン管理職になるのですが、僕はまた労働担当に戻してもらいました。

――労働担当に再びなったときあたりから、派遣村につながるのですね、

東海林　リーマンショックの1年ぐらい前から湯浅誠さんが音頭をとって「反貧困ネットワーク」が準備されていきます。そして、運動が盛り上がりつつある年末に派遣村が設置されるという流れになりました。『貧困の現場』*2という本を書いたときに、反貧困ネットワークの動きについて、かなり力を入れて書きました。自分らもこの運動に連帯していこう、とまで。

●年越し派遣村に実行委員として参加して湯浅誠を引き入れる

東海林　派遣村をやるってなったとき、最初そこに湯浅誠さんはいませんでした。ホームレスの支援団体と協力しようという考えは、労働組合の頭にはありませんでした。ただ、労働者が本当に困っているからやらなきゃならないと僕は思っていました。既成の労働組合ばかりなので、炊き出しや人を泊まらせるなどのノウハウはない。だから、派遣村を開く1週間前に主要なメンバーで山谷に行って、炊き出しの手伝いや見学をして、炊き出しはこうやると教えてもらいました。

そのなかで、本[*3]にも書いたように湯浅さんたちに協力を求めなきゃいけないと、僕と棗一郎弁護士（労働弁護団）と関根秀一郎さん（派遣ユニオン書記長）で、湯浅さんと会いました。協力を要請して、彼が快諾して、一緒にやろうと、そこから走り出したんです。

ばらばらに動いていた「反貧困ネットワーク」と労働組合が、リーマンショックという大きな出来事のなかで合流していく場面でした。湯浅さんたちも労働組合も、「貧困」と「労働」というものを意識していった流れがあります。それ以前ならグループで困窮者支援をやるとしたら、野宿支援やっている人やホームレス総合支援ネットワークなど、枠組みが固まっていたと

＊2　東海林智著（2008）『貧困の現場』（毎日新聞社）
＊3　年越し派遣村実行委員会編著（2009）『派遣村　国を動かした6日間』（毎日新聞社）

思います。しかし、反貧困ネットワークは、非正規の人が個人加盟する労働組合「首都圏青年ユニオン」の河添誠さんとか、全労連とか、連合の一部労組とかが、最初から合流していました。貧困と労働というのをかなり意識していた面があります。

――支援や運動と報道する側がどこまで結びつくべきか、議論があるところですが、東海林さんの場合、報道人なのに運動にかなり関与しています。独特ですが、派遣村の前からですか？

東海林　西成で野宿者と一緒に空き缶を集めたり、飯食ったりして、ルポを書いていました。その中に入って一緒になんかやって記者として書くやり方は西成で手に入れた部分があります。

たとえば記者が野宿者と一緒に同じ生活するとか、ダンボール箱に泊まってみるという人もその後いっぱい出てきますが、当事者と記者が一緒に同じことをやってそれを体験することが悪いとは誰も言わないですよね。ただ、派遣村は大きな構えになるので、運動と報道がマッチポンプじゃないかとか言われてしまうし、実際、文春などからも僕は攻撃されました。「派遣村の陰に毎日新聞の記者」みたいな記事を書かれて。でも言い訳になりますが、派遣村の6日間、12月31日から1月5日まで、けじめをつけるために僕は一切記事を書かなかったんです。

記事はうちの後輩の記者に任せていて、僕は記事を書かずその活動にかかわりました。ただ、総括的なものを派遣村のあとで書きました。「記者の目」という看板コラムで、自分は派遣村の実行委員でしたって書いて。実行委員はなんでやったのかも説明しました。

会社の社会部のOBの人たちから、「君は記者としてルビコン河を渡った」と言われ、怒られました。昔、学生運動が華やかな頃なら君の行為はデモを取材にいってデモ隊に入って警察に石を投げるのと同じだと。褒められると思ったら怒られて。なかには庇ってくれる先輩記者もいましたが。「記者の目」を読んで、これは新しい取材スタイルだねと納得してくれた人もいます。

記者が運動側にかかわることは報道倫理的には確かに議論があるので、自分のなかでもまだ整理できていません。ただ、派遣村実行委員会に自分が入ったのは、自分にとっては重要だったし、村を成立させる意味でも重要でした。湯浅さんと関根さん、棗さんと膝をつめる場をつくれたとか、協力する団体に声かけたのは、僕という存在がそれなりに寄与できたと自負しています。

●労組も同行支援のノウハウを派遣村で初めて知った

東海林　それまで労働組合は生活保護の相談をやったことはありませんでした。労組は労働問題だけをやっていればいい、不払い賃金がある人は取り戻せるとか、不当解雇されても闘えるなどと。派遣村でも最初は労働相談の場所を用意したけど、解雇された人がわーっと来て、それどころじゃない。この村が終わったらどう飯食うか、そっちが大変だという話で、労組は生活相談もやらなきゃならない。あのときに初めて同行支援したという組合も相当数ありました。

その同行支援のやり方を労組に教えてくれたのは湯浅さんの「もやい」やホームレス総合相談ネットワークなどの困窮者支援団体です。最初は一緒に行って、こうやればいいんだというのを学んで、次々に同行して申請支援し、決まるまで寄り添う。そういう支援を初めてやりました。あの派遣村は、労組は労働だけという活動スタイルが転換した瞬間でもありました。

——そういう意味では非常に歴史的だったと思いますが、残念ながら続きませんでした。

東海林　続かなかったんじゃなくて、意図的に続けなかった。翌年から公設派遣村[*4]を2年間やりましたが、あの村をやっている当初から僕らのなかではこの取り組みをずっとやるべきではないという意見がありました。正義の運動ではあるかもしれないけど、俺たちがやり続けるのは違う、国にちゃんとやれという運動を強化しなきゃならないと。毎年これをやり続けたら、僕らが国の肩代わりをすることになるし、それは違うと。ちゃんとした社会保障、人権の保障として国にやらせるべきだという議論が交わされました。そういう意味で3年目で終わりにしました。

労働と生活の問題は不可分だということを労働組合もすごく理解しましたし、野宿者の支援団体も労働と生活保護は不可分で、貧困と労働が密接だと周知されて、労働組合がその後に労働相談と同時に生活相談をやるスキルをためることができました。

だからこそコロナ期でも労組もかかわる「相談村」[*5]ができました。コロナで相談村をやろうかってときに、飯出しておしまいとは誰も思わなかったわけですよね。ちゃんと生活相談も医療相談もトータルでやろうっていうことを提案して、それができたわけです。医療相談も医療従事者に声かけてできた。外国人問題のことも相談できた。生活保護は生活保護問題対策全国会議、女性は女性相談ネットワーク。さまざまなネットワークをあの場にきゅっと集めて立ち上げるっていうのを2週間でできた。派遣村は確かに続かなかったけど、だからといってさぼっていたわけではなくて、それぞれの団体の活動の基本として身についたと思います。

――リーマン期の派遣村の頃といまのコロナ期で報道もかなり変わりましたか?

東海林　2008年のときは労働政策も含めてかなり広範な報道がなされたのに、今回はそうでもないという趣旨の質問かと思いますが、正直、まったくそのとおりだと思います。それには理由があって、派遣村のときは、500人もの派遣労働者が職を失って住居も失って、ここに転がり込んできたという事態がバーンと提示されるわけですよね。それである意味、原稿はつくれるわけです。飯も食えなくて、家もない人がこんなに来て、大変なことになっていますと。派遣村の頃は、なんでそうなったのっていったときに、これは派遣切りがあって、仕事を失ったという話で、じゃあ派遣制度ってなによってなる。派遣制度は意外にむずかしい、ややこしい制度なので、実は取材に来ている記者たちもあまり知らなかった。だから、おこがましい

＊4　公設派遣村。年越し派遣村の翌年の2009年末から2010年始にかけて行なわれた緊急支援で東京都が主体になって、国立オリンピック記念青少年総合センターで行なわれたもの。反貧困ネットに加盟する団体や労組、厚労省の職員らも手伝った。一般的にはこの年だけ実施されたという認識だが、東海林はその翌年の2011年も行なわれたと説明している。

＊5　相談村。全労連や連合に加盟する労組や労働関係の弁護士らが2021年、2022年と2年連続、大晦日と翌日の元旦に「年越し支援・コロナ被害相談村」として実施。年越し派遣村と同様に実行委員会形式で行なった。

けど現場で僕がレクのようなことをしました。不安定な雇用だから大きな経済不況が起きたときに真っ先に首切られてしまう。こうなった理由には派遣労働という制度が元々あると説明しました。

特にテレビは善か悪かで伝える傾向がありますが、大量の派遣切りが起きて、こんな派遣制度を押し進めたのは誰だとワイドショーなどで犯人探しが始まり、当時の大臣らがやり玉にあがりました。マスコミが派遣制度をどう報じてきたのかも追及しはじめる。２００４年の派遣法改正で派遣業務が原則自由化されます。この法改正実現の際に、これはあぶないと書いたのは、実は毎日新聞だけでした。僕が署名で書きました。改正法が施行されるときも、法改正で大変なことになる、絶対にまずいと書いたのですが、他紙は懸念材料を何も書いていませんでした。

それをあるテレビ番組が見つけてきて、自分たちも含めて、全部のメディアを調べてみたら、派遣法改正のときにこの危うさを書いていたのは毎日新聞だけで、それ以外はほとんど危うさに気づいてなかったと自己批判しました。フジテレビの「とくダネ！」です。この番組はその後、歴代の厚生労働相の坂口力らに「なんで変えたのか」「いまの事態をどう考えるのか」と追及しました。このように、リーマン期はメディア側もなぜこうなったのかという背景や責任の所在をちゃんと調べて報道しようという姿勢がありました。年越し派遣村に来た困窮者は五百数十人。しかも男だけ。製造業派遣だけ。異様でした。なんでこうなったのか、あの人たち、怠け者だったのか、という疑問が浮かんだときに、実は派遣制度が問題の背景にあって、不安定な働き方がこういう事態を招いたのだというテレビの報道につながっていきました。

――そうした流れが今回のコロナの報道ではつくれていない？

東海林　年末年始に大久保公園で実施した相談村に記者が来て、棗弁護士が用意した人の話を聞いて、あるいは相談に来た人たちを追いまわして、つらいですか、苦しいですかと聞いて、それを表面的に報道するだけで終わっています。

でも、コロナ禍でのこの困窮者の拡大だって、もちろん理由や背景があるわけです。その理由はまさしく、「働き方」になるわけです。今回のコロナで困窮してるのは女性と高齢者と非正規の若者たちです。こういう大きな経済的な困難がおきたときに、不安定雇用の層が危機に瀕する。実はリーマンショックのときも女性の派遣労働者もかなり大変な思いをしてました。派遣村は男だけの世界でしたが、実は女性もひどい目にあっていたんです。今回も派遣労働者、非正規労働者という不安定雇用のなかで働いている人がまとめて困窮する事態になっています。

●コロナ期に「報道されていない」深刻な貧困の実態

東海林　たとえば、20代の女性でマネキンの仕事をやっていた派遣労働者。マネキンというのは、デパートとかでの試食販売の仕事です。コロナの緊急事態宣言で真っ先になくなる仕事です。別の仕事を紹介してくださいといっても、紹介する仕事はまったくないといわれて。僕が取材した例ですけど、最終的には犯罪にまで走っていく。特殊詐欺の受け子をやるんです。

――そこまで追いつめられてしまう…。

東海林　派遣社員も正社員と同じく派遣元の会社から休業補償を受けられるのですが、多くの派遣労働者がそのことを知らなかったり、派遣元の企業が故意に補償しなかったりして、実質的に補償のないままにされています。仕事が入らなくなって、5万6000円のアパートの家賃を2か月滞納します。2か月滞納した時点で、管理会社が来月払えなかったら出て行けという。出ていかなかったら鍵を交換して、全部荷物も出すからねという通告もされて、追い詰められていく。彼女は追い出されたらどうなるかわからない。彼女にとっては、住居を失うことと携帯電話が使えなくなることがほとんどイコールで、生活できないことになる。そうなるという状況が目の前に迫っているなかで、〝闇の職安〟から受け子の仕事につながっていったんです。

別の例ですが、ちょっとだけ仕事がある派遣の女性です。彼女、「大人食堂」[*6]に来て、お米もらって泣いてたんで、「どうした?」と聞いたら、「このお米で1か月生きられる」と。「私は派遣労働者で、仕事がある日はご飯食べないと働けないから食べるけど、仕事のない日はご飯食べないで寝てるんです」と。「お米もらったから、1か月間は食べていける」と泣いていました。彼女はまだなんとかアパート代は払えるぐらいの仕事が入っていたんです。だけど、アパート代と携帯料金を払えばもう何も残らない。だから、食費を節約するためにも仕事のない日は食べない、ということです。

ほかにも、女性でいえば、個人請負で働いている健康飲料の訪問販売員。彼女たちは労働者じゃなく、個人請負で働かされている。多くはシングルマザーです。彼女たちがどんな状況になったかというと、緊急事態宣言でオフィスが閉鎖される。そうしたら健康飲料を売りに行っても売れないので、会社が彼女たちに、「明日から1か月休みです」と。これが雇用関係であれば、「休みです」って会社の都合で休みにするなら、休業補償で6割の補償があります。でも彼女たちは個人請負だから、休みですとは要するに商品を卸さないということです。「1か月間卸しませんよ」と。民間同士の契約でやっているので、本来なら、1か月商品を卸さないといきなり言うのは契約違反です。契約違反があった場合はその間の補償をすべきなのに、そういうときだけ労働者扱いみたいな話で、「働かないのだから賃金ないよ」って、健康飲料の訪問販売の会社に言われたと聞いています。

僕も相談に乗りましたが、そんな会社に対して訪問販売の労働者たちが、「そんなの絶対おかしい」と各地で声をあげ始めました。そしたら、会社側が急に、「賃金補償します。1か月の6割分補償します」と。彼女たちは6割の補償じゃどうしようもなくて、多くが持続化給付金も申請するわけです。個人事業主の100万円です。で、100万円もらってなんとか一息つけた。しかし、翌年の2021年、その100万円が収入に認定されるわけです。そうすると、非課税世帯から外れていろんな助成金とかがもらえなくなるという事態に直面する。そのよう

＊6　大人食堂。「年越し大人食堂」は、反貧困ネットワークや「つくろい東京ファンド」などの団体が主催した緊急支援活動で2021、2022年の年末年始に東京・四谷のイグナチオ教会で実施した。2021年のゴールデンウイーク中も「大人食堂」を実施。食料配付のほか、生活相談、法律相談、外国人相談、女性相談なども合わせて実施した。

な実態もあります。

●高齢者でも犯罪に手を染めるほど追い込まれている実態が報道されない

東海林　年金だけで食っていけない高齢者は山ほどいます。彼らはアルバイトとか非正規で働いてなんとか生活しています。安倍政権は、高齢者は生きがいを求めて働くと言っていましたが、実際には年金政策の失敗で、低年金で食えない人が75歳でも80歳でも働いています。

78歳の高齢者がビルの清掃をしていて、月10万円もらって、年金8万円で18万円で生活していました。しかし、緊急事態宣言でビルが閉まってビルの仕事がなくなります。仕事がないと、月8万円の年金だけで生活しなきゃならず、病院に通っていて、病院の薬代だけでほぼ食い尽くす。生活が困窮していく。生活保護に切り替えれば、年金分を引かれても、医療を受けられるので、生活保護を勧めたけど、どうしても嫌だと。話を聞くと、自分の葬式費用を100万円残してありました。自分の葬式は自分の子どもに迷惑かけないで最低限できるように100万円を使いたくないと。生活保護を受けると財産調査で、それを活用しろと言われるので絶対に嫌だと。

そのおじいさんは特殊詐欺の受け子をやるに致ります。「あなたは法務省から裁判を起こされています。この裁判止めるためにはいくら必要です」という詐欺です。「ほうっておくと700万円ぐらいとられますよ」とウソで騙す詐欺です。彼は法務省の職員のふりをして、騙された人からお金を受け取りにいく受け子の役割でした。法務省の関係者のはずなのに、ジーパンにTシャツに野球帽かぶっていく。それでも3回成功したんですね、4回目に怪しまれてつかまった。

「相談村」でも食べるのに葬式費用まで使ったというおばあさんがいました。80歳で、ラブホテルでベッドメイキングやって、その収入で暮らしていた。コロナで誰もラブホを使わなくなったから、仕事がなくなり、自分の葬式費用に手をつけちゃったと、さめざめ泣いていました。

このように探って行けば誰が被害を受けていて、その被害の裏には何があるのかがわかります。知ろうと思えば知れるはずなのに、多くの記者たちは表面的にただ悲しい話、貧しい話を聞いて、尺を埋める。新聞ならスペースを埋める。それで終わっちゃう。それでも成立しているわけです。

リーマン期は「なんで派遣が」という背景までいかないと報道として成立しませんでした。けれど、今回のコロナ期はこの人は苦しんでいるというだけで終わっています。パンデミックだからバリエーションも次々出しやすい。高齢者はこの間やった。あと誰いる？　学生の貧困があると、学生の貧困にわーっといく。あとは？　生理の貧困。あ、生理の貧困だ、いけーっみたいな感じですね。

でも、学生の貧困はまさしく奨学金の話に尽きます。奨学金を借りて、学費を賄って、食費の一部を賄っているとか、そんなの仕送りのデータを少し見ればどんなに減ってるかわかるはずです。学生がなぜ困窮するかは、バイトに頼った生活になっていて、バイトがストップしたら生活に困るのは当然なわけです。報道はそこまで行かない。次から次へと貧困の場面が用意されているけど、深い取材に行かない。これは「記者のおまえ、行動しろよ」って話だと思います。

●報道する側も雇用の問題にもっと目をこらしてほしい

――記者が自ら行動してリアルな実態を見ていないのですね。

東海林　コロナのもとでこれだけ大変という話で収まっちゃう。でも、コロナで大変な思いをしている人たちの層は、労働の視点で見れば、みんな不安定な雇用で働いている人たちの層です。がんばってアルバイトし続けて大学卒業する子とかいっぱいいるし、高齢者も低年金でもアルバイトして飯食ってるし、普段は見えないけれど、こういうことがあると、一気に見える。「雇用が不安定」ということは「困窮」と「貧困」につながる。少し目をこらせばわかると思います。

やっぱり根本が何かっていうのをジャーナリズムがやっていかないと。「現象面だけ追っかけるんだったら、それこそネットで十分じゃないですか」っていわれると思いますね。

清野賢司

〝東京・豊島区ローカル〟で困窮者支援を続ける

重度の生きづらさ抱える人にハウジングファースト

中学校で社会科を教える教師だった。総合的学習を担当し、差別の問題も熱心に取り組んでいた。2002年1月、東村山市の中学生ら数人が図書館で騒いで注意されたことを逆恨みしてホームレス男性を襲撃して暴行の末に死なせる事件が起きる。世に言う東村山ホームレス暴行死事件。加害少年たちが通っていたのはかつての勤務校の隣の中学だった。「自分が教えた生徒が加害者でもおかしくない」と衝撃を受けた。

差別の最前線がホームレス問題にあると思い、野宿者男性を主人公にしたドキュメンタリー映画「あしがらさん」を当時勤務していた板橋区の中学校で上映して学習した。同作品を制作した飯田基晴監督を通じ、ホームレス当事者を授業に呼ぼうとホームレス支援団体TENOHASIに連絡をとったのが団体との最初の出会いになった。炊き出しボランティアなどに参加して、中村あずさ代表（当時）と元当事者2人を招いて授業に来てもらい、教員人生の中でも特に感銘深い授業になった。

以後、TENOHASIを手伝うようになり、2005年末に団体の資金不足が表面化したことをきっかけに中心メンバーになる。月に2回、池袋の東池袋中央公園で炊き出し（以前は配食していたが、コロナ感染拡大以後は弁当の配付に切り替えた）や医療相談、生活福祉相談、衣類配付、週に1回の夜回りなど、様々な活動を指揮している。2013年から事務局長と代表理事を兼務。教師を退職した2017年春以降は専従職員として活動する。

精神科医で同団体の元代表理事で現在も理事を務める森川すいめい氏らと路上生活者の実態調査を実施し、「知的機能への障害」「何らかの精神疾患」を抱えていることも判明。そうした人に住まいを提供する「ハウジングファースト」運動にも取り組んでいる。

●急増する困窮者。民放やユーチューバーの取材対応には要注意

――リーマン期と比べ、コロナ期は困窮者の数が増えて、来る人も変化していると聞きます。

清野　そんな感じですね。若者と女性が増えています。昔なら子連れは考えられませんでしたが、そういった方々も見受けられます。野宿者自体は、厚労省の統計どおり減っています。コロナ禍でも増えてない。いま炊き出しに来る500人近い人の中で、家がない人は多く見積もっても3分の1。家がないという状況も、典型的な、昔からいる野宿生活者は少数派で、ネットカフェ生活や知り合いの家で居候など、どうにか屋根を確保しています。どうしようもなくなれ

ば野宿もするけれども路上が主という人は多くありません。他の3分の2は、家があるけれども、収入が減り、先行きが見えなくて、食費を節約しようと炊き出しに並ぶ人。少しでも貯金を潰さないようにしようと。

――500人という数は以前と比べて多いのですか？

清野　びっくりですね。まさか池袋で500人並ぶとは。池袋は、路上生活者の数が山手線内でずっと第3位。1位新宿、2位渋谷です。2005年からの統計で、炊き出し1回につき並ぶ人の平均が200人くらい。リーマンショックの頃に300人台でした。そこからだんだん減り、コロナ前の2019年は166人まで減りました。それが2020年にポーンと増えて、21年にさらに増え、22年は平均450人ぐらい。2019年の3倍ほどです。炊き出しをする公園の景色はごった返す感じです。

――ドキュメンタリーやニュース番組で見た光景ですね。

清野　非常に可視化されやすいので、うちに取材が来ます。非常に見えやすいと。

――取材の対応は、どうされてますか？

清野　とりあえず取材は私が受けて、調整しています。第一次の緊急事態宣言のときに、ものすごい数の申し込みがありました。電話を受けて、切った瞬間に別な新聞、テレビ、雑誌などから、また電話が来る。昔は年に1度、テレビ取材があるかどうかでしたので、この状況を報道してもらおうと2社とか3社とか取材を受けていたら、炊き出しの会場が異常な感じになりました。同じ人が2度も3度も、話を聞かせてと言われる。途中からこれはまずいとテレビは1

回につき1社までとし、先着順にしました。取材の趣旨にもよりますが。

——他の団体で民放のテレビにはかなり身構えると聞きました。

清野　確かに民放はパッと撮ってすぐ出さないといけないので、身構えます。NHKもいろいろです。さっきもユーチューバーのヒカキンから取材申し込みがきて、忙しいと断りました。

——いまはユーチューバーの取材まであるわけですね。

清野　何食わぬ顔して並んでお弁当をもらってそれをアップするユーチューバーもいます。

——いま、ネット時代になって、変わったことはありますか？　例えばクラウドファンディングとかで資金を集めるなどメリットもあるのではと思いますが。

清野　十数年前は、路上、生活困窮した人がネットを見て来るっていうのはまずありませんでした。それが、ネットで発信して、スマホで検索してたどり着くという人が非常に増えています。ツイッター見た、ホームページ見たと。私の携帯番号を公開しているので、電話もきます。「本当にやってますか」と。「やっています、休んでませんよ」と言って、来てもらう。そういうネットを使う当事者が増えてきました。

報道については、やっぱりSNS経由で相談を知る当事者が多いです。でも、一般の寄付者に届くのはまずテレビ、次に新聞ですね。寄付する余裕がある人は高齢で、テレビがメインの情報源の方が多い。NHKの朝や夕方のニュース、民放も夕方のワイドショーとか出ると問い合わせや寄付がいっぱい来ます。あと、「うちで雇いたい」という仕事のオファーが来ます。

——困窮者支援の現場をずっと支えていらして、リーマン期からコロナ期になって世論がどのよ

うに変わってきたと思いますか？

清野　私が活動を始めた２００４年頃は、まだ日本に貧困があるとは思われていませんでした。そこからワーキングプアとかネットカフェ難民とかの言葉ができて、リーマンショックで年越し派遣村、民主党政権ができました。あの頃に、貧困があることは動かし難い事実だとの認識が広がったと思います。それまでは、そういう社会問題だと考えられていませんでしたし、学校でも取り上げていませんでした。でその反動で、片山さつきさんたちが河本準一氏をバッシングし、「怠けている連中に金出すな」と言って。その両者がせめぎ合いながら今日まで来ています。

コロナ禍では、「コロナで困窮したのはしょうがない」という言い訳が立ちます。厚労省も東京都もそれ向けの政策を結構な予算かけて実施して、いままでのホームレスとコロナで困窮した人は別だという扱いです、でも実は両者は地続きで、前から困窮していましたし、前もなんの保障もない状況で働いていましたし、路上にいたこともある人がいっぱいいます。

日本経済自体が地盤沈下して、物価はそんなに上がっていませんが、賃金が他国と比べて上がっていません。韓国にも賃金で追い抜かれました。このままでは日本という国全体がまずい、という危機感は富裕層も共有しています。昔みたいに、日本はいい国でお金持ちで豊かな国で、ホームレスは怠け者という見方については、それだけじゃないという社会全体の合意、共通認識が出来あがりつつあって、厚労省が生活保護は国民の権利だとアピールするようにもなりました。ろくなことがなかった世界で、ほんのちょっと光、いい傾向が出てきたと思いますが、絶対また反動は来ると思います。私たちは池袋を拠点に、同じことを地道にやっていくだけというスタンスでいます。

――リーマンの頃から言われた自己責任論。報道機関でも社内で主張する人たちがいて、一種の壁になっています。視聴者や読者もそう考える人が多く、しかもコロナ期にネット社会化が進んで、容赦のない個人攻撃につながる面もあります。

清野　そうですよね、去年、有名なユーチューバーのメンタリストＤａｉＧｏがホームレスへの差別発言するなど、そこは変わっていません。「頑張ればどうにかなるのに、お前ら頑張ってないだろ」という考えが根底にはあると思います。ちょっとずつ変わりつつあるけども、その自己責任論を日本人が全て払拭できるかっていうと、たぶん私が生きているうちはないだろうと思います。

●炊き出しや夜回りが3割、一人ひとりの生活への支援が7割

――炊き出しなどはコロナの前と現在も同じようにやっていますか?

清野　炊き出しのペースは一緒ですが、中身は２０１０年から「ＴＥＮＯＨＡＳＩ」がハウジングファーストを掲げたことで変化してきました。障害を抱えて、生活保護受給と路上生活を行ったり来たりし、グルグル回る人たちに対して、新しい支援をしようと、シェルターをつくりました。最初は、ワンルームマンションで雑魚寝を4年ぐらいやり、次はシェアハウス。風呂トイレキッチンは共同で部屋は個室です。２０１６年から、みんなが一番安心できるのは普通

のアパートだとなって、その頃から「ハウジングファースト東京プロジェクト」と名前も変え、稲葉剛さんの「つくろい東京ファンド」も参加し、最初は2、3部屋だったのが、いまシェルターは22室。ケアする人の数も増えて、活動の中身も変わってきました。

私がやる仕事は、炊き出し・夜回りが3、4割です。毎日やっている仕事は、主にシェルターにいる人の支援で、訪問したり、役所と交渉したり、行政からアパート転宅のOKが出たら、アパートを一緒に探し、家具などを買いに行く。その他に、仕事が決まったけど働きだすまで、食べ物を提供するなど、相談者への日常的な支援が6、7割です。

――ニュースなどで清野さんが相談に応じる映像を見ますが、何をやっているのでしょう?

清野 他の4人の職員とで、当事者の相談に乗り、指示や監督をするのが私の役割です。当事者から直接、相談を聞いて。あなたの場合、このルートでこういうところで保護を受けられる。こんな道がある。生活保護以外ならこういう道もある。いまの法律ではそれは認められないので、むずかしいとか。ねぐらがない人にはネットカフェ代を渡して、そのあとこんなふうにやりましょうと。そんなことを他の職員と一緒に考えて、ご本人とも話をするのが、生活相談です。

――その場合、生活保護の申請同行みたいなことにつながるのですか?

清野 そうですね。毎週大体やっていて、先週も2件やりました。

――「TENOHASI」は池袋中心の活動になるのですか?

清野 そうです。うちは豊島区ローカルだと名乗っています。基本的に豊島区まで来てくれた人の相談を受けてフォローをします。反貧困ネットやつくろい東京ファンドは、全都または近県まで駆けつけて支援しますが、うちは豊島区でのみ責任を負います。他の地域についても協力できることは協力しますが、遠くから来た相談については、反貧困ネットやつくろいに対応をお願いし、反貧困やつくろいに来た相談で豊島区だったらうちで引き受ける。そういう関係性です。

——豊島区へのこだわりは、どうしてなのですか？

清野　どこまで活動範囲なのかが、特にコロナで問われるようになりました。毎週の夜回り、毎月の炊き出しも大きな変化を強いられています。他の地域からの支援要請までとても応じきれない。我々の限界です。基本、豊島区で対面で相談した人の支援を行なう、で統一しています。

●対面で生活相談し、付き添ってひとり暮らしを支える支援

——相談は対面が基本なんですか？

清野　電話などでも、どうしたらいいか聞かれたらアドバイスしますが、申請同行とかするのは実際に会って話をして、それが一番いいと同意したら一緒にやりましょうとなります。

——最近は対面よりもメールなどネット経由の相談が増えていると思いますが。

清野　もちろんメールなどでの相談は来ます。その場合、こちらはアドバイスするだけです。たとえば、「家も仕事もない。いま新宿にいる」という相談だと、「明日、新宿区の福祉事務所に行くのが一番いいです」と回答します。でも、「一人でいけない。助けてください」という場合

なら、対面で相談に乗ります。基本は炊き出しや夜回りのときに相談を受けていますが、余裕があれば、「今日の17時に池袋で会いましょう」とかもあります。しかし、そこまで応じている余裕がないことが多いです。

――他の団体だと、食料支援は一つの手段で、相談につなげたいけど食料だけ受け取っていく人が多く、特に生活保護の話になると、嫌がる人が多く、むずかしいという話を聞きます。

清野　池袋で路上生活10年とか、20年とかの人もそうですし、炊き出しにいま500人ぐらい来ますが、医療相談に60～70人、生活相談にいいとこ20人です。もう前からずっと相談していて、どうしようという人もいるし、すでに生活保護を受けたけども話したくて来る人もいます。新規の相談は、炊き出しに来る人たちの中で毎回多くて10人ぐらいです。本当は生活保護を受けたほうがいいけれど、相談に至らない人もいっぱいいます。また生活保護を受けたものの、最低生活費しかもらえないから、懐は寂しい、少しでも、食費を節約しようと来る人もいます。「ここには仲間がいる」と会いにくる人もいます。コロナでゆっくり話せる感じじゃないですが。

　支援につながるべき人がまだつながってないと日々感じます。ただ、支援を受けるのにはタイミングがあります。ご本人がいまの生活を変えて、抵抗感を乗り越えて決意しないと。生活保護なら申請書を書いて、細かい聞き取りに応じないといけない。扶養照会も、条件は緩和されましたが、自分がされてしまうのではと、と精神的な障壁になっている。役所の紹介で悪質な貧困ビジネスの寮に入れられると恐れを抱く人や、以前そういう経験したことも障壁になります。

――シェルターは必要とする人たちには浸透しているのでしょうか？

清野　「シェルターというものが、あるそうですね」と向こうから言うこともあるし、こっちから、「個室のシェルターがあります」と言う場合もあります。ただそのときに、我々のシェルターは所詮、何百人も相談者がいる中で、「つくろい東京ファンド」の分が多分30部屋ぐらい、うちが20部屋ぐらい。そのぐらいの規模でいくら増やしても足りません。シェルターはいまも４人待ちくらいです。

この前もすごい遠くから、自分、家族と関係悪くてとか、精神障害があって、ケースワーカーと関係がすごく悪くて、苦しくてしょうがないとかの困難を抱えた方が、おたくのシェルターがあると聞いたから入れてほしいと電話がありました。マスコミとかに出れば出るほどそういう相談が来ます。私たちは、「申し訳ございません、うちは豊島区ローカルです」「豊島区で相談を受けた方のみ、支援をしています」と答えます。さらに、「私たちのシェルターは、いま家がなくて困っている人に提供するもので、いま家がある人はどうにかそこで、家を維持できるよう頑張ってほしい」「いま家があるあなたと、家がない相談者とでは、優先順位が違います」と言ったら、大体の方は「わかりました」と諦めて、いまいる場所でどうにか生活を打開するかをがんばる人もいるし、それがうまくいかず、路上に出てしまってまた相談に来る人もいます。心苦しいですが、そういうところで、区別というのかトリアージをしています。

――シェルターはどのくらいの期間いられるんですか？

清野　4か月契約です。

――4か月経ったら、どこかに出ていかないといけない？

清野　4か月以内に、生活保護で自分のアパートに転宅することを目標としています。でも、福祉事務所がなかなか転宅を許可しないとか、なかなか部屋が見つからないなどで、4か月では転宅できない方は再契約します。

対象者は路上から脱出するための既存の手段はやってみたがうまくいかなかった人が多いです。そういった方々が炊き出しと生活相談、夜回りと生活相談やって、いままでこういうことやってきたけどうまくいかなかったと、どうしたらいいだろうというときに、「うちにシェルターというのがあるけど、お使いになりますか」と説明します。

それで、ぜひ使いたいとなれば、入居してもらい、契約を交わし、地元の福祉事務所で生活保護の申請をします。4か月契約の間に自分のアパートに住む準備をする、住民票を復活させる、マイナンバーを取る、携帯を買う。それ以外に、いままで解決が困難だったことをできる限り解消する。債務整理をしたり、年金受け取りの手続きをしたり。あと病気です。精神や身体の病気や障害を持つ方を医療につなげたり、必要な支援につなげる。仕事も可能なら始めましょうと。福祉事務所が、この方、ひとり暮らしは問題ないですねと。金銭管理も通院も、身辺整理もできていますということで役所側が納得すれば、転宅許可が出ます。アパート探しをして、敷金礼金をもらって、アパートに住む。それをサポートするのが我々「ＴＥＮＯＨＡＳＩ」と、精神科診療所の「ゆうりんクリニック」、仲間内でやっているグループ、精神疾患のある方にはグループホーム。あと就労継続支援B型の作業所。あと訪問看護です。それ以外に、日中の活動でパンづくりや歌う会とかもやっています。目標としては、孤立していた人がつながって、一部は、当事者が支え手になることもあります。参加団体は7団体で、いまやっているところです。

●精神疾患などの困難を抱える人にハウジングファースト

――ハウジングファーストでは、精神疾患や依存症、障害を抱えて自立が困難な人が多いのですか？

清野　すごく多いです。メインはそこです。健常で仕事もできてという方はここを使わなくてもホームレス自立支援センターを使えば就労して自立というか、稼げるようになります。コミュニケーションの力がある人は、無料低額宿泊所で高額な料金取られても、そこから次のステップに行けます。そこが気に入って何年もいる人とか、そういうタイプもいます。しかし、路上生活者の中で相当な割合を占める「障害を持った人」にとっては、ストレスフルな環境、期限つきのホームレス自立支援センターとか、集団生活の宿泊は非常に厳しい。そういう方々がずっと路上生活、生活保護、またそこから逃げて路上生活という負のスパイラルに陥るのをどこかで止めようというのがシェルターであり、ハウジングファーストです。まず、安心できる住まいを先に提供し、本人のニーズに応じた支援を展開しています。

――ハウジングファーストは、そうした困難な人たちに効果があるものですか？

清野　私たちのシェルターにお迎えした人の約85％が、シェルターからご自分の部屋に入って1年後も住まいを維持しています。残り約15％は、入ってみたけど、うまくいかずにどこかへ行っちゃったとか、刑務所行っちゃったという方もいます。つまり、約85％が定着しています。シェルターを経て自分のアパートまで行けた人は9割がアパート生活を続けます。たとえば、ホームレス自立支援センターで就労して自分のアパートまで行く人は、大体5割から6割と聞いていますから、それと比べてもかなり高い割合です。生活保護を受けて、無料低額宿泊所に入って、アパートに移って、1年間維持できる人は、ずっと低いと思いますね。

――相談して、その人を見極めながら、シェルターに連れて行くなど、対応しているのですか？

清野　そうですね。いままで、生活保護を受けて宿泊所とか入ったけども、すぐに出てきて、それを何回か繰り返す人。刑務所に何回も入った人も。この人には既存の施設ではなく、シェルターが必要だよねと。5回、10回と生活保護を受けている人が主な対象です。精神疾患とかで何人も一緒で相部屋生活などはとても無理という人、そんなところに入れられるとパニックになって逃げるしかない人。そういった人が生活保護を受けても、宿泊所などに入れられたら、保護になりません。より過酷な状況になってしまいます。相談して、シェルターを使いたいなら、利用者の待機リストに載せるようにしています。

●いろんな歴史を持った人の話が面白くて楽しい。だから活動をやっている

清野　目の前の人たちが、困っていて、蔑まれて、差別されて、でも一人ひとり、いろんな歴史

を持って、様々なストーリーがあります。一人ひとりが語る自分史は、日本の戦後史の中で自分の知らなかったピースをはめる感じで、聞いていて面白い。自分自身が楽しんでいます。

――楽しいと感じられる？

清野　楽しくなかったらやりません。面白いなあとか。こんなこともあるんだと。このおっさんむかつくなとかね。そういうことも含めて。あと、アウトドアが好きなこともあるかもしれません。月2回、都会のど真ん中で、キャンプやっているみたいに。以前は公園に鍋釜を持ち込んで、煮炊きしてご飯炊いて、配っていました。自分が面白いと思うか。

なんで夜回りやってんですかって聞かれると、アフター5に酒を飲みにいこうが夜回り行こうが俺の勝手だろうと（笑）。趣味でレジャーを仕事にしたようなもので、いろいろあるけど、きっと自分は恵まれた人間だと思いますね。たまに感謝されるし。

――支援活動は、今後どうなればいいでしょうか？

清野　私たちのいまの目標はハウジングファーストが日本の福祉政策にきちんと位置づけられることです。それができれば解散してもいい。そして炊き出しに並ぶ人がいなくなるのが一番、そう思っています。でも、なかなかそうはなりません。

藤田孝典

「下流老人」はあなたの問題だと訴えたい

困窮者差別発言への批判など、SNSでも積極的に発言

多分、日本で最も有名な社会福祉士だ。埼玉県で元野宿の人たちが生活できる場をと、空き家などの住宅を借り上げたり、新築の家を建てたりして住んでもらう支援をするＮＰＯ「ほっとプラス」を設立した。代表理事を務めたあと、現在、一理事として活動する。川口市などに多い、在留資格がなく仮放免の状態のクルド人のための相談会や福島第一原発事故で埼玉県に避難した人たちを支援する活動に奔走する。

「反貧困ネットワーク埼玉」代表として貧困ビジネス追及や困窮者相談会の開催など、様々な活動に関わってきた。現在、40歳。湯浅誠や稲葉剛の一回り下の世代の貧困問題活動家として注目されてきた。

テレビ、ラジオ、新聞、ネットなどで貧困問題について積極的に発信。特に福祉制度や医療制度をどのように利用するかのノウハウをわかりやすく説明する語り口に定評がある。2015年に「下流老人」という言葉を造語。「生活保護基準相当で暮らす高齢者およびその恐れがある人」と定義し、こうした高齢者層が増え続ける現状が、子ども世代も含めて日本社会に大きな負荷を与えていると警鐘を鳴らした。

この言葉を書名にした書籍『下流老人—1億総老後崩壊の衝撃』（朝日新書）は、超高齢者社会を迎えて老後に不安を抱える人たちに衝撃を与え、2015年に20万部を超えるベストセラーに。翌年に出版した『貧困世代—社会の監獄に閉じ込められた若者たち』（講談社現代新書）も売れた。複数の大学の客員准教授などを勤め、福祉の道に進む若者たちの育成にもあたっている。

SNSでも積極的に発言する藤田は、資産家の前澤友作氏やお笑いタレントの岡村隆史氏など「社会の圧倒的強者たち」が貧困層に対して無神経と言える発言をすると強烈に批判して、SNSで炎上することもある。リーマン期からコロナ期にかけて貧困の問題を、メディアの変化を意識しながら見つめている。

●ホームレス、クレサラ、生活保護、クルド人、自殺、被災者支援など多様な困窮者たち

——藤田さんがやっていることは数多い。どんな優先順位で活動しているのでしょう？

藤田　基本はNPO「ほっとプラス」の理事です。いまは代表を下りて、専門学校時代の後輩に任せて、お金集めや裏方の支援に徹しています。実践や相談など現場は後輩たちが頑張っています。

——加えて「反貧困ネットワーク埼玉」の代表もやっていますね。

藤田　そうですね。埼玉には、私のいる「ほっとプラス」や「生活と健康を守る会」など様々な団体や病院などがあるので、合同相談会をやろうなどと声掛けしています。

——クルド人の問題や原発の避難者の問題まで幅広いですね、

藤田　県内のいろんな問題が持ち込まれます。もともとはホームレス支援の団体だけでしたが、多重債務者や自殺対策、被災者支援、クルド人。最近も福祉事務所の生活保護水際作戦など相変わらずの違法な運用の是正を促すために、県や厚生労働省に要請を続けています。

——いつ頃から反貧困運動に関わるようになってきたのですか？

藤田　2005年、6年に稲葉剛さんや湯浅誠さん、司法書士や弁護士らと一緒にホームレス支援に取り組みました。その頃の焦点はクレジット・サラ金問題で、多重債務者たちが夜逃げしてきたり、ホームレスになる人が多く、弁護士の宇都宮健児さんらと一緒に、法律や制度の改善を世論に訴えながら、社会の仕組みを変えていく反貧困の活動に関わりました。クレ・サラ運動では埼玉の弁護士の猪股正さんらとも出会いました。県内でホームレス支援をする団体が他になく、学生が立ち上げた運動体だったので、寄付やサポートを受けていまに至っています。

——藤田さんはいろんな発信をしていて、メディアの人なのか支援活動家なのか、わかりにくいところがあると思うのですが、ご自身の認識は？

藤田　あまりモデルがないかもしれませんね。貧困を縮小させる目的で時々のミッションに応じています。湯浅さんに「肩書きはなにか」と以前に聞いたら、社会活動家しかないと言ってましたが、同じです。

――なるほど。やっぱり湯浅さんは意識しますか？

藤田　僕がホームレス支援に関わったときからの先輩です。稲葉さん、奥田知志さんもです。僕はその下の世代。次の実践をどうつくるかを考える際のモデルとして参考にしています。

――藤田さんの運動は、生活保護の水際作戦への対応などリーマン期に湯浅さんがやったことに重なります。とはいえ世代が違っているので、やり方で違う点もありますか？

藤田　湯浅さんの運動から意識するのが、労働組合の運動をより加速化させることです。労働団体とネットワークを強めることです。リーマン期は派遣労働が象徴的でしたけど、非正規雇用が加速しました。さらにウーバーイーツとかの「非雇用」まで。ホームレス状態にある人や貧困状態にいる人の主な職業といえるほど広がっています。以前よりも社会が、下から崩れている。連合や全労連など大きな労働団体より、小さいユニオンとのネットワークを深めています。

●埼玉で小さな労働団体とのネットワークを深めていく

――具体的にはどういう団体ですか？

藤田　ＰＯＳＳＥです。それにＰＯＳＳＥのメンバーが事実上やっている総合サポートユニオンや東京東部労働組合です。クルド人問題も外国人支援の労組の協力も得て取り組んでいます。

――私が指導する学生が撮った埼玉のクルド人のドキュメンタリーに総合サポートユニオンが登場します。クルド人の雇い止めで会社側と団体交渉していました。派遣村の頃は、連合や全労

連などナショナルセンターの人たちが出てきたのに、次第に出てこなくなった印象がありますね。

藤田　連合や全労連も手を出しにくい非雇用や女性、外国人の問題がいまは深刻です。ナショナルセンターが出てくると、どうしても正社員対非正規社員になりがちです。小さい労組と一緒に手を組みながら、一から運動体を組み立てています。

――労働組合をつくって、団体交渉で払われてない給料を払わせるとか、そんなやりかたですか？

藤田　そうですね。戦略を立てて一緒に動いていく。私たち福祉関係者と労働関係者が手を組んで一緒にやる機会を意識して増やしています。年末も、労組に関わる若手と一緒に大宮区内の街頭で相談会をやりました。リーマン期も、働く人でも低収入なら生活保護をと、若い人に関しても生活保障運動の側面がありました。最近は意識して、労働運動の側面を前面に押し出しています。

――あまり保護されてない労働者、たとえばウーバーの人たちみたいな非雇用のケースで、経営側が「あなたは労働者じゃないから」と相手にしない、という場合に対処するのですね。

藤田　そうです。ほかにも外国籍の人とか女性とか、取り残されている人です。リーマンショックでは派遣社員の男性ばかりに焦点があたって女性にはあたりませんでした。その後の10年は、焦点があたらなかった女性や外国人を組織化したり、その人たちを支援する活動に取り組んだりしてきました。

――そうした当事者とどこで出会うのですか？「ほっとプラス」の住宅に入ってくるのですか？

藤田　そういう人もいますし、定期的な電話相談会を「ホットライン」としてやっています。街頭相談会も各地で行なって、意識的に相談者に出会う機会をつくっています。

――困窮する人に女性や若い世代が増えていると聞きますが、埼玉もそうですか？

藤田　同じです。新型コロナは、飲食業界への打撃がすごく大きい。もともとパート、アルバイト、派遣の巣窟のような業界です。そこに打撃があれば、不安定雇用で預貯金もない人たちなので、様々なしわ寄せがいきます。リーマンショックでは派遣の男性たちが製造業で仕事がなくなると一時的に飲食業へ、と受け皿になりましたが、いまはその受け皿が大打撃です。

――自殺防止の啓発でもＬＩＮＥ相談が増えました。ＳＮＳなども活用していますか？

藤田　我々もＳＮＳでの相談を始めています。メール相談は一気に増えました。無料ＷｉＦｉがつながるところからの相談が多い。困窮者もほとんどスマホは持っています。それを活用してネットカフェからの相談とか、お金がなくても相談しやすい時代です。「いま駅前にいます」と連絡を受けて会いにいく。前は、電話するお金もなく、途中から連絡つかないこともよくありました。

――いつ頃から変化したのでしょうか？

藤田　最近ですね。新型コロナで当事者との連絡を特に強く意識しているせいかもしれません。以前なら事務所に来てもらうとか、電話での相談も多かったのですが、最近ではほとんどがメールやＬＩＮＥ、ＳＮＳで、私たちも驚いています。特に若い人は電話を使ったこともない、学生もＬＩＮＥで相談、というのが普通です。

――「ほっとプラス」はいま何人のスタッフでどういう規模で活動しているのでしょうか？

藤田　いまはスタッフが10名。無料低額宿泊所などのシェルター、障害者のグループホームを運営しています。のべで50世帯ぐらい。常に満室です。特徴的なのが、知的障害や精神障害の人です。特に障害者手帳を持ってないけど障害者という人がかなり多い。リーマンショックのときには見えにくかった。困窮する理由が、家計管理をできない、お金の使い方が全然ダメで自堕落だと思われてしまうケース。背景に知的障害や発達障害などがある人たちです。

――「ほっとプラス」は、以前のように空き家を活用して活動しているのですか？

藤田　昔は協力者があまり多くなかったので、協力してくれる社会福祉協議会の民生委員を通じて、空き家を持つ大家さんにあたってもらい、福祉に理解のある大家さんを探したりしました。最近はメディアの協力が大きいと思いますけど、空き家どころか、新規で家を新しくつくってくれる不動産屋が現れています。だからいまは物件のほとんどが新築です。新しく建てたものを寝かせておくぐらいなら福祉団体に貸して。家賃は一般よりも当然少ないけれども、まあそれでいいでしょうと。ほぼ永久的に借り続けるような契約でやっています。

――そういうものが増えてくると、個別の支援よりも土地や建物をどうやって確保するかとか大きな話が多くなりますよね。藤田さんはその役割を務めているのですね。

藤田　そうです。看板を掲げて、その看板に集まってもらい、そこで後輩のスタッフたちが個別のケースを見ながら活動しています。

●生活保護は脚光を浴びたあとで「あやしいもの」に

――私が記者だった最後の頃の２０１０年～11年ぐらいに藤田さんと一緒に行ったのが、貧困ビジネス、生活保護ビジネス。生活保護を食い物にする悪質な無料低額宿泊所でしたね。

藤田　もう10年か。懐かしいですね。

――劣悪な建物で生活保護費を巻き上げていました。生活保護の現状をどうみていますか？

藤田　歴史上で朝日訴訟以来、リーマンショックのときに生活保護が久々に脚光を浴びたと思います。非正規の若い男性が生活保護を受けるなんてと、社会もショックを受けた。それゆえに生活保護とはなんだろうと関心が強まったものの、メディアの人たちを含めて社会全体が無知でした。「生活保護ってなんなの？　なんの制度なの？」とモヤモヤしていた。

それが、生活保護バッシングであやしいものだとなると、全部いっしょくたに生活保護と出ただけで、「あやしいもの」だとなりました。報道の仕方というより、社会全体が貧困とか生活保護の問題に初めて出合った時期でした。保護基準の引き下げとか、生活保護イコール悪みたいなレッテルを貼られて、うまく政治的に利用された面があります。

――２０１２年の生活保護バッシングは、放送時間で調べると、その前の２００９年の1年間の生活保護についての報道量に匹敵する放送が、たった1か月あまりで一気に流された。それ以降、生活保護を見直す議論ばかりの報道に終始します。いま考えるとかなり異常です。テレビにそれだけ影響力があって、後押しした感じでしたが、バッシングの影響はありましたか？

藤田　私たちに反省を促す部分が非常に大きかったですね。社会が生活保護をこれだけ知らないのかと。貧困は自己責任だとか。そういう社会なんだと。働いて食えなくなったときに、生活保護は普通に私たちが使えるものだと思っていましたが、社会はまだそれを認知してないんだと感じました。社会とのギャップやズレを修正しないといけないと思いました。

●SNSなど個人メディアで発信力や影響力を強めたい

藤田　私たち自身がSNSを使って発信力を強め、社会への影響力を持つ必要性を感じました。何か問題が起きたときに修正したり改善を求めたりする力の不足を痛感したのです。当時、生活保護バッシングが津波のようにどっと押し寄せ、こちらはもうなにを言おうが巻き込まれて、一気に全体が修正させられました。生活困窮者の自立支援法とか、湯浅さんがかかわって民主党政権でとっかかりをつくったものが根こそぎ持っていかれた感じです。

――その頃、湯浅さんは貧困とはどういうものなのか、研究者的に構造を解説していました。それに比べ、藤田さんは『下流老人』に代表されますが、「このままでは大変なことになる。こうすればこんな手当がある」など、読むと得をするという記事発信をアプローチされています。ややや違いがありますね。

藤田　湯浅さん、稲葉さんや日本女子大の岩田正美先生など多くの方が貧困について解説していました。僕は現場の高齢者の貧困状態をルポルタージュの形で可視化させる方向を目指しました。歴史的にもイギリスでは貧困研究の最初の頃にブースとラウントリーという人がいました。貧困研究ですが、家計調査をしました。それらと併行して貧困を可視化させたのがルポルタージュでした。現場はこうなっている、こういう裏付けがあると。だから2000年代から2010年代前半の湯浅さんの実績に上積みする形で引き継げたらいいと思って、ルポも併せて発信しました。貧困はあなたの問題なんですと。大所高所からいうのでなく、他人ごとではなくて、あなたにとって身近な問題なんだという発信を心がけました。

――そうして出した本の反響が大きく、ベストセラーになりましたね。

藤田 いや意外でしたね。2015年に『下流老人』、2016年に『貧困世代』、どちらも結構売れて、高齢者と若者の貧困状況を現場から伝えるものでした。高齢者は団塊世代の人たちが高齢期に入って年金どうするとか、若者世代もリーマンショックがあってそれ以降の雇用が改善しない状況で、関心が広がる土壌はありました。出版社の編集者が火を付けてくれました。うまく手を加えて伝わりやすい文章にして、新書という形での発信を選んだのも良かった。

――藤田さんはいまの時代に合った形でメディアで発信しています。何を意識しているのでしょうか？

たとえば小さなことでも首を突っ込む。タレントの岡村隆史氏の発言は許せない、とか。ときに炎上に近いことになるけど、あえて首を突っ込む。一歩間違えば貧困の活動自体にマイナスになるリスクもあると思います。あえて目くじらを立てるのはどういう意図でしょう？

藤田 貧困活動家が存在感を示すことが大事だと考えています。岡村氏が性風俗で働く女性たちを「性的な欲望の対象」としてコロナで仕事がなくなったことをシメシメといわんばかりにモノ扱いする発言をしたことに対して、いまの社会の倫理では許されないという強いメッセージを出し、たとえば「岡村性風俗発言事件」などとして人々の記憶に残しておく必要があります。私たちのもとに性風俗で働くたくさんの女性たちが、夜の仕事がなくなって、どうしようと相談に来ていました。

つくづく思うのは、嵐や津波は数か月や1年程度で終わる。その後で、あのとき何の話だっけと振り返ると、いろんな議論があったと振り返る場所になる。そのときに貧困の活動家がいて発言したと思い返してもらえるように、存在感を示したい。ZOZOTOWNの経営者だった前澤友作氏に噛みつくのも同じ理由です。資産家がポケットマネーを出したところで本質的な問題の解決にならないと訴えています。「人気者の岡村氏をそんなに叩くな」とか「前澤さんだっておお金配りしてるいい人だ」と多くの人は思うかもしれないけど、見る人が見れば本質をわかってくれると思っています。

――岡村氏の件は性風俗で働く女性を物扱いしていて、藤田さんはそこに異議を唱えました。彼のような有名人が言うと笑い話で済まされてしまいます。そこにあえてもの申して問題にした。

藤田　噛み付いてもヒットするしないはあります。岡村氏の場合はヒットしました。

――そういうときに本業に差し障りがあったりしないものなんですか?

藤田　いや、すごく来ますよ。罵詈雑言、殺人予告、いろいろと。

――そうするとNPOの電話が通じにくくなったりすると想像しますが。

藤田　そう。だからあのときも、脅迫や殺人予告とかが北海道や兵庫の人などから来て。

――そこまで行っちゃうんですね。それでも飄々としているのは肝が座っていますね。

藤田　もともと野宿者って、反社会的な組織との関わりが強い。手配師とかは、ホームレスの人がいてくれたほうが助かる産業です。性風俗産業も同じです。そういった人たちが僕の身近に昔からいましてね。命をいつ落としてもしょうがないと覚悟を決めているところはありますね。

●一人では無理なので、崩れてきている社会を若い人たちと支えたい

――5年後10年後にしたいことはありますか？

藤田　社会が本当に崩れてきていると思います。支援組織や活動に関わる人たちがもっと増えないといけないと思っています。一人では無理なので、ＰＯＳＳＥのメンバーや同じ意識の人と日頃から研究会などをして、今後について考えています。自分と同じか少し上くらいの40代半ばから20代前半くらいまでの人たち、理論家と実践家と活動家が集まって交流を続けています。

――活動の現場ではジェンダーバランスが偏っていて、前面に出ている人は男性が多い。メディアの男女比と似ています。男性中心でいいのかと疑問です。

藤田　Ｚ世代の20代の人たちは、男性より女性のほうが圧倒的に多い。８割９割が女性です。男性は保守的で、死に物狂いでいまの地位や権益を守るけど、女性は「社会を変えるしかない。闘うしかない」と覚悟がすごく強まっています。最近のフェミニズム運動にも波及しています。ホームレス支援の現場でも我々のスタッフは女性が多い。昔は、酒飲んで暴れる当事者が多いから、男性スタッフを意識して配置したのですが、当事者の高齢化で、女性のスタッフがいま

は多い。

――運動という意味では、藤田さんは活動家では珍しく「飯が食えてる」。いままでにないタイプです。活動だけで食えているわけでないにせよ、両立しています。日本の活動家は生活がカツカツで、ＮＰＯに就職しても持続可能しにくいと思います。どうすればいいですか？

藤田　後輩たちにも言っていますが、思想とともにあるかどうかが大事です。僕も食えているように見えるかもしれないですが、経済的には大変です。一般の同じ世代と活動量や仕事量から比べると、上場企業に勤めたほうがよっぽど給料はいい。

ミニマリストじゃないですけど、現代社会と自分を照らし合わせながらどう満足感を得るか、社会の基準で物事の指標をつくらないことが大事だと考えます。30代で結婚して子供が二人いてマイホーム構えて車も持ってと、一般のイメージをめざすと、支援者は30歳で引退するしかありません。そうではないモデルを自分で模索してほしい。他の人と比べる必要はないと思います。なんのために生きているのか、それを考えることが大切です。

奥田雅治

「労働問題で企業名を出すのは当たり前」

民放でもスポンサーに忖度せず、報道の使命を果たす

奥田雅治は毎日放送（ＭＢＳ）で関西を代表する報道ドキュメンタリー番組「映像」のディレクターだ。

「映像」は１９８０年春にスタートし、２０２０年で40年を迎えた。日本テレビ系の「ＮＮＮドキュメント」が１９７０年のスタート。「Ｎドキュ」が毎週放送で30分の全国放送枠（１年に14本だけ55分枠がある）なのに対し、「映像」は月に１回放送で60分枠。関西圏の放送だ。「ドキュメント'87」に対して「映像'13」などと呼ぶ。どちらもテレビ報道人が社会問題を提起する番組を次々送り出し、賞を競い合う。

業界新聞の記者を経て、ＭＢＳに中途入社した奥田は、経済担当の記者を経て、この番組の専任ディレクター、その後に番組の管理・責任者であるプロデューサーに転じ、定年退職の年齢を迎え

て再び一ディレクターに戻った。取材者として社会の問題に向き合いたいと希望してのことだ。奥田は、高校時代に父親が経営して母親が手伝っていた町工場の倒産を経験。特に母親が苦労する姿に胸を痛めた。それ以来、業界紙の記者やテレビの取材者になってからも、人間が「働く」現場に対して大きな関心を寄せている。

奥田の作品は路上生活者や生活保護を扱ったものもあるが、労働問題が目につく。代表的な作品が「映像'07　夫はなぜ死んだのか～労災認定の厚い壁」。大手企業で過労の末に突然死したサラリーマンの妻が企業相手に勤務の実態を調べて労災認定を求めた末に、裁判で勝訴するまでを追った。夫の上司や同僚たちが口をつむぐなかで奥田も真相を知ろうと取材する。企業名を匿名にするならそれまでも報道されていた構図だ。その企業の名前はトヨタ。民間放送にとって泣く子も黙る日本の代表的企業だった。奥田は「企業名を出さないなら報道する意味がない」という当事者とともに実名で報道した。過労死や過労自殺、ブラック企業がメディアで話題になり、働き方で企業の社会的責任が問われるのは数年も後のことだ。

もうひとつは「映像'13　隠された事故～焼身自殺の真相を追う」。2007年、名古屋市バスの男性運転手が焼身自殺した。背景は何だったのかと両親が調査すると、息子は職場のパワハラやいじめ、過重労働などを抱えていた事実が発覚。証拠が次々と出てくるが組織は隠蔽する。両親は公務労災の認定を求めて、名古屋市を相手取って提訴。だが、一審の名古屋地裁で原告敗訴。公務労災での壁の厚さをうかがわせた。2016年、名古屋高裁で逆転勝訴の判決が出る。事件を集大成したのが「映像'13　追いつめられた〝真実〟～息子の焼身自殺と両親の9年」。奥田は映像で描ききれなかった細部を書籍[*1]にして発表した。

●高校時代に父親が経営する町工場が倒産して苦労した原経験

――奥田さんは労働問題に強い印象がありますが、なぜこの分野にこだわるのでしょう。

奥田　私の父親が、祖父が始めた町工場を引き継いで経営していて、私が高校1年のときにその会社が倒産したんです。持ち家を失って、親の苦労、特に母親の苦労をすごく見てきた。

高校のときに新聞部に入っていたこともあり、大学を卒業して最初に業界紙の日刊工業新聞に入社しました。イトマン事件[*2]がありました。あの事件は銀行が商社に融資して、商社がお金を湯水のように使って破綻する。父親も銀行から、先物の商品取引を持ちかけられて、乗せられてうまくいかなくて倒産に至るんです。構図が似ていると思い、自分もイトマン事件を取材したいと言いました。当時、関西国際空港開港前で私は堺の支局でいろんなプロジェクトを取材していて、上司からその仕事、誰が取材するんやと言われて、両方できますと、若いから言ったんですけど、絶対あかんと言われて。

その頃、テレビ各局がニュース番組を拡充し、特に経済部を強化して新聞や雑誌などの経済記者を引き抜いていました。ＭＢＳも中途社員を募集したので応募したところ、合格して、テレビ局でも経済関係の取材を続けていたんです。

取材で痛感したのは、「働くこと」は「人生の基盤」で「人生の大半を費やすもの」、その働き方が様々な問題を抱えていることです。それを間近から見て、労働問題を自分の主なテーマにして取材してきたのと、自分自身も親の仕事がなくなって生活が大変になるという原体験があります。そうした経験は人には話せないし、進んで訴える人も少ないので、個々の声を掬い上げたいと希望してテレビに来てドキュメンタリーに関わるようになって、そう思うようになりました。

――2007年の「夫はなぜ死んだのか」というトヨタの番組が労働関係での話題作でしたね。

奥田　その前、同じ年に放送した過労死がテーマの「KAROSHI」という番組でも、トヨタの工場で過労死した内野健一さん（当時30歳）と神戸の派遣社員の男性が自殺した事件をまとめて取り上げました。報道局の記者時代も社員に秘密で会社が団体生命保険をかけて、社員が亡くなったら会社が儲かるみたいなひどい仕組みを取り上げました。2005年に東大阪市に単身来日し、ベンチャー企業を立ち上げたドイツ人の日々を描いたドキュメンタリーが最初の作品です。そして、2006年に労働者派遣法施行20年で派遣社員、非正規労働で「正社員になれない～規制緩和で揺らぐ日本型雇用」という番組、2007年にトヨタの裁判、生活保護の老齢加算。2008年にTOTOでの偽装請負で亡くなった社員の話。救急の医者が過重、長

＊1　奥田雅治著（2018）『焼身自殺の闇と真相　市営バス運転手の公務災害認定の顛末』（桜井書店）

＊2　イトマン事件は、大阪にあった総合商社の株式会社伊藤萬で起きた特別背任事件。1991年に発覚。住友銀行やコンサルタントを通じ、巨額の費用が不動産や絵画、骨董品などに投資されて焦げつき、暴力団関係者などに流れたとされている。

時間労働で悩んでいる問題。同年に名古屋市バスと三菱重工の社員の内部告発。そのように毎年、貧困とか労働を取り上げました。

●人を描く部分が大きいドキュメンタリー

——「過労死ライン」という月残業80時間のライン。労働問題は法律や制度が関わり、制度の説明がむずかしく、人間模様を描くこととのバランスがむずかしいと思いますが。

奥田　土台をわかってもらわないと伝わらないので、覚悟を決めて説明します。なるべく簡単な言葉を使い、裁判用語でも生活保護基準の問題でも、平易な言葉に置き換えて伝える。長々と書かずに簡潔に書く。それを心がけて、おかげで簡単に短く書くスキルはついたと思っています。

——ニュースとドキュメンタリーではだいぶ違うものですか？

奥田　ニュースは事実を伝えるだけで時間も限られ、描き方も制約があります。ドキュメンタリーは人を描く部分が大きいし、時間もたっぷりあります。いろんな検証ができて、より伝わりやすい。問題を可視化しやすい面もあると思います。

——MBSの「映像」という番組は、東京でTBSが「報道特集」という全国放送の枠をつくるのに対抗して、MBSが独自にローカルで長時間のドキュメンタリー枠として確保した経緯があると聞きました。「報道特集」だけでは十分に伝えられないという実感はありますか？

奥田　時間的な制約が全然違うのと、自分たちがやりたいと思っていても、当然、TBSの判断でしかできないというところもあります。たとえばトヨタの番組でも、当時、「報道特集」でやるという話があったのですが、TBS側が企業名を出さずに放送したいと言ってきて、こっちから断りました。TBS系のディレクターなら誰しも「報道特集」で放送したいと思い、私も若い頃から「報道特集」でやるのが目標でしたが、自由にやらせてもらえない面があり、その点、自局できっちり独自の枠を持っているのは強いと思います。

●あえて「トヨタ」という企業名を出す報道にこだわって

――TBS側が言ってきた、トヨタという企業名を匿名にする選択肢は考えていなかった？

奥田　私たちとしてはトヨタの名前を隠す気持ちは最初からありませんでした。過労死した社員の遺族である内野博子さん自身も当時大手の新聞社が「愛知県に本社がある大手自動車メーカー」と匿名で報道していたので、マスコミ不信を持って、「テレビならトヨタの名前は出せないですよね？」と言われる始末でした。私は「もちろん名前を出して放送します」と約束しました。

――MBSの中では企業名を出すことに対して迷いや軋轢、忖度などはなかったのですか？

奥田　「映像」シリーズの場合は、編成に企画書を出しますが、その内容について何か言われることはなく、プロデューサーがやると決めたら絶対放送できるんです。放送の内容について干渉されるとか、編集中に誰かのチェックが入るとか、そういうことはまったくありません。福島の原発事故の前にも、原発の危険性を訴える番組を別の人がつくっています。放送後もトヨタが何か言うことはありませんでした。営業は放送するときか放送後かビビっていたかもしれませんけど。

——「報道特集」の人が匿名でと言ったのは、やはり営業上の影響を配慮したのだと思います。民放の収入が減る現状で、MBSで報道の自立が守られているのは他局と比較しても驚異的です。報道には立ち入るべきでないという伝統があるのでしょうか？

奥田　MBSでは歴代の経営者が報道に携わっていた期間が長かったので、現場に口を出すということをしてこなかったせいだと思います。経済部の記者をやっているときも、ちょうどバブルが弾けたあとで、銀行批判をしたり、企業の問題を取り上げましたが、企業に文句を言わさない取材の仕方は身についていたので、ある程度、リスク回避はできるのかと。

——企業に文句を言わさない方法というのは？

奥田　必ず取材を申し入れて、取材の趣旨や番組の趣旨をきっちり包み隠さず話をします。そして、よく新聞時代に言われましたが、相手の前で原稿を読んでも恥ずかしくない原稿を書くこと。これを守っていれば、経験上、企業から文句を言われることはまずないと思います。

——トヨタを描いた番組は「地方の時代」映像祭の大賞など数々の賞に選ばれて話題になりました。賞の後も営業の人が血相を変えて飛んでくるとかはなかったですか？

奥田　全然全然。逆に賞がすごく力になりました。別のディレクターが原発問題を取り上げたときに、関西電力が相手なのでハレーションが起きかけましたが、その直後、ギャラクシー賞の月間賞をもらい、一気に社内のざわめきが収まりました。賞をいただくのは制作者の力にもなるし、社内評価を大きく変えるきっかけにもなるので、すごくありがたいです。

――原発の番組の後日談として、関西電力から広告を引き上げられたと側聞しましたが？

奥田　そのとおりです。

――会社としてはマイナスの影響もあったけど、社内は割と平然としていたとも聞きました。

奥田　そうですね。表立って批判する人も当初いましたけど、次第になくなりました。営業的にはそれなりの痛手は食らったのだと思いますが。

――トヨタの場合は広告の出稿量を減らすなど営業的なマイナスはなかったですか？

奥田　トヨタの場合はまったくなかったです。関西電力のように言いがかり的なことをやったりすると、後々こう言われ続ける。トヨタに限らず企業の多くは、こちらが間違ってなければ文句を言ってこないと思います。

――報道では中立の原則やそれぞれの言い分を公平、公正に伝える原則がありますが、奥田さんの番組は被害者サイドに立つスタンスが明確です。報道の原則とどう両立させるのでしょうか？

奥田　トヨタの場合も名古屋市バスの運転手の場合もそうですが、訴える側、遺族側の立場に立って、トヨタなり、市役所側の話を聞きます。原告、遺族側の立場で話は聞くのですが、必ず相手側の話も聞きます。トヨタの場合は会社としてコメントできないということでしたが、亡くなった方の上司にも話を聞きましたし、従業員にも話を聞きました。相手側の話はきっちり聞いて、一方的じゃない形を取りながら、事実を伝えるというスタイルですかね。

――トヨタの過労死のだいぶ後になってから電通の新入社員の過労自殺の事件が出て、働き方改革につながりました。そういう点でいうと少し前に先鞭をつけた面がありますね。

奥田　過労死や長時間労働、精神疾患を会社って隠したがるんです。でも、一人の人が亡くなるという重大な事実に真摯に向き合えよということをいつも思っていました。

会社が表面だけ取り繕うのではなくて、間違ったところがあるんだったらちゃんと認めて、誠心誠意、今後の働き方の改革に取り組むとか、謝罪するとか含めて、きっちり対応してほしい。同様のことに巻き込まれた人は諦めず主張するべきだと伝えたいと思っています。

いまは遺族とか被害者も匿名や顔を隠して報じられることが結構ありますが、正々堂々と顔を晒し、名前も出して闘ってくれる方が皆さんの勇気にはなると思っていて、いつもできるだけ実名顔出しで取材のお願いをしています。

――ドキュメンタリーの反響は？　報道された後で社会の変化はありましたか？

奥田　一つの番組で社会が大きく変わるものではないですが、トヨタの場合でしたら、あの後で社員が強制されていた「自主活動」も残業と認められるようになり、トヨタが認めると、他の企業も右にならえで認め、いまや7割近くが給料を払っている現状があります。

――市バス運転手自殺は番組のあと出版もしました。自殺は取材がむずかしくなかったですか？

奥田　あのケースはご両親が初めから顔を出し、実名で取材に応じていただき、やりやすかったですが、一般的には自殺はすごくナイーブです。家族が出たがらないことが多く、表に出しにくい。遺族の方の信頼をどれだけ得られるか、取材者側に託された責任だと感じています。

●「個人」の問題にしないで構造的な問題を伝えていく

――奥田さんの場合、テーマをどのようにして見つけるのですか？

奥田　市バスの場合ですが、当時、自殺者が年間3万人を超えていたのが徐々に減ってきていた時期にもかかわらず、なぜか30代の男性だけ増えていました。なぜ30代の男性だけ自殺者が増えているのか疑問に思って、「30代で自殺した人知りませんか」と知り合いの弁護士や労働組合に呼び掛けたら、神戸の派遣労働のケースと市バスの運転手のケースが出てきました。

――その自殺の背景には構造的な労働問題があったわけですが、世間的には自殺は個人の問題という考え方がどうしても根強いですね。

奥田　市バスの報道がギャラクシー賞で表彰された際に、選評に「小さな問題を一生懸命取り上げた」とのことが書いてありました。私にしたら全然小さな問題じゃないんですよね。一人の人間が焼身自殺するまで追い込まれて、問題の大半が職場にあったならば、これは大きな問題で、絶対に真実を究明すべきだと思うんです。個人の小さな問題だと大勢の人が考えていても、個人の問題ではあるけれど社会の大きな問題につながっているという感覚が私にはあって、こだわって取材してしまう「癖」があるんですよ。

――リーマン期とコロナ期を比べてテレビ報道で変わってきた点はありますか？

奥田　取材する立場としては、貧困や労働の問題が隠れて、プライバシーをすごく強調する時代になり、可視化されにくくなっている。弱い立場の人たちの問題が表からは見えにくくなっている。なるべく歩み寄って問題を見えるようにしたい。ただ相手がある話ですので、非常にむずかしいですよね。大学生たちと話しても、なぜ顔を出して名前を出さなきゃダメなんですかと言われる。そんなことしたら、SNSに何を書かれるかわからないのでいやだと。

テレビ側にも問題があって、いま、ニュースもそうですけど、首下の顔なしインタビューが当たり前で、本来なら原点に立ち戻って、顔を出して、声をちゃんと聞く報道に立ち返らないと、弱い立場の人の声がますます届かなくなる、とすごく危惧しています。

――実名か匿名かといった面では、京都アニメーションの事件などで社会はどんどん匿名の方向に向かった。そのなかで、ドキュメンタリーで実名で顔を出すというのは真逆の道ですよね。

奥田　はい。顔を出さなくてもいいんじゃないですかという若手ディレクターも当然いるので、絶対ダメだというふうに。ほうっておくと、どんどんそっちへ進んでいく。他局の番組でもドキュメンタリーなのに匿名やモザイクばかりです。気をつけないと表現の幅が狭まっていきます。

――貧困や労働の問題って、この20年、ましになっているのでしょうか?

奥田　働き方改革もあって、テレビ局もそうですけど、ずいぶん働きやすくなっていると思っています。ただ、例えば非正規労働者も4割を超えるような時代ですから貧困はすごく広がっています。貧困が広がれば労働環境も絶対悪くなっていきますが、他方で見えにくくなっていきます。なので、見えやすくするために、厚かましくどんどん撮っていきたいなと思っています。

小林美穂子・稲葉 剛

困窮者の〝人間らしい暮らし〟を大切に！

「生活保護」「住まいの貧困」で行政とも格闘する

東京・西武新宿線の沼袋駅で降りて徒歩3分ほど。古いビルの外階段を上った3階に一般社団法人「つくろい東京ファンド」の事務所がある。ここで、代表理事の稲葉剛とスタッフで稲葉のパートナーでもある小林美穂子に話を聞いた。住まいを失った生活困窮者のための個室シェルター「つくろいハウス」6部屋を同じ階に運営している。

稲葉は東京大学の学生だった1994年、新宿で路上生活者の支援活動を始めた。当時は路上生活者たちがつくったダンボールなどの家が当局の手で強制排除され、稲葉はそれに反対する運動をしていた。渋谷で路上生活者への支援活動をしていた湯浅誠らと一緒に2001年、「自立生活サポートセンター・もやい」を立ち上げる。ホームレス状態にある人に同行して福祉事務所に赴き、困窮した人が生活保護制度などを利用して屋根のある部屋で暮らせるように支援する活動に取り組む。特にホームレス状態を経験した人たちが民間アパートを借りようとしても連帯保証人を見つけられず、賃貸契約の障壁になっていたことに着目し、自分たちが連帯保証人となることで住まいの確保を支える活動に力を入れた。

2003年、「もやい」がNPOになると稲葉が理事長に就任。社会的な発信や他団体とのネットワークづくり、メディア対応は主に事務局長の湯浅が担当し、稲葉は住宅支援や組織運営などを担当するという役割分担だった。また、稲葉は新宿の公園で毎週開催される炊き出しにも参加し続けた。

2008年、「ハウジングプア（住まいの貧困）」について新聞紙上で問題提起。2009年、住まいの貧困に取り組むネットワークを設立。2014年、「もやい」の理事長を退任すると、一般社団法人「つくろい東京ファンド」を設立し、代表理事に就任した。2016年には「ハウジングファースト東京プロジェクト」にも参加する。NPO法人ビッグイシュー基金共同代表、生活保護問題対策全国会議の幹事や「いのちのとりで裁判全国アクション」共同代表も務める。「つくろいハウス」からアパート生活につなげることができた人の数は100人を超える（2022年8月現在）。稲葉たちが重視するのが「人間らしい生活」だ。2020年にはコロナ禍の影響で犬や猫のペットと一緒に住まいを失う人が増えてきたことを受けて、ペットと一緒に入居できる個室シェルターを東京で初めてつくった。「つくろい」が運営するシェルターは現在、中野区を中心に53部屋あり、うち3部屋が「ペット可」だという。

小林美穂子は、海外に住んでいた2008年、ニュースで年越し派遣村を見て、「貧困はよその国のことだと思っていたのに、こんなことが日本で起きているのか」と衝撃を受けて、帰国後に生活困窮者支援に参加。「つくろい」では、孤立しがちな路上生活経験者たちの居場所をつくる「カフェ潮の路」のコーディネーターとして、弁当をつくり、交流の輪をつくる。2020年春以降のコロナ禍で、生活困窮する人たちからのSOSが急増し、生活保護の申請同行などに追われる日々が続いている。

●増加しつつあるシェルター

――「つくろい東京ファンド」のきっかけは?

稲葉　2014年夏に「もやい」の理事長を退任しました。その頃、いまの事務所のビルのオーナーから「もともとマンションとして使っていた3階フロアが空いているので、困っている方のために活用してほしい」と声をかけられました。ちょうど個室シェルター事業を模索していた時期です。

1990年代は福祉事務所の「水際作戦」(相談者が窓口で生活保護を申請できず、追い返されてしまうこと)に阻まれ、ホームレス状態にある方が生活保護を申請すること自体がむずかしい状況でした。

2000年代になると、法律家の助けもあって「水際作戦」は突破できるようになりましたが、住まいがない方が生活保護を申請した場合、役所が紹介する無料低額宿泊所に誘導されることが一般的でした。紹介される施設の中には、劣悪な環境であるにもかかわらず、保護費の大半を利用料として徴収し、利用者本人の手元にはほとんどお金が残らないという「貧困ビジネス」施設が多く含まれていたため、「ああいう場所にはいたくない」と自己退所する人がたくさんいました。また、路上生活者の中には知的障害や精神疾患を抱えている人も多いのですが、そうした障害や疾患を抱えている人が集団生活の中でいじめられたり、お金をたかられて退所に追い込まれる事例も多くありました。

路上で暮らす人に夜回りで声をかけ、せっかく生活保護の申請を支援しても、3か月後、6か月後にまた同じ人と路上で出会うというループをどうしたら止められるのかということを考えるなかで、アメリカで始まっていた「ハウジングファースト」の取り組みに着目しました。最初からプライバシーの保たれた住まいを提供することで、ループを断ち切ることができると思ったのです。

「ハウジングファースト」型の支援を実践するためには自前で物件を確保しなければなりません。地方都市ではホームレス支援団体がアパートを一棟ごと借り上げてシェルターにしている事例がありますが、東京は家賃が高いので、なかなか手を出せないでいました。このビルのオーナーさんからお話をいただいたときには、「渡りに船」だと思いました。それで、2014年6月に「つくろい東京ファンド」を立ち上げて、個室シェルター事業に本格的に乗り出したのです。

――現在、シェルターは何部屋ありますか？

稲葉　設立当初は、このビルの3階フロアの「つくろいハウス」6室でスタートしました。2016年以降、豊島区・池袋のTENOHASIや精神科医の森川すいめいさんが立ち上げたゆうりんクリニックとも連携し、「ハウジングファースト」型の支援を広げていきました。都内各地のアパートの部屋を借り上げていった結果、部屋数は2020年2月までに25室まで増えました。

2020年3月以降は、コロナ禍の影響で新たに住まいを失う人が急増したため、個室シェルターをさらに増設していきました。現在（2022年7月現在）は、中野区、豊島区などを中心に都内で53室を運営しています。また、連携をしている「反貧困ネットワーク」も、独自にシェルター事業を展開しています。

●海外で衛星テレビで年越し派遣村を見て、「これは大変だ！」と…

――小林さんはどんなきっかけで「つくろい東京ファンド」へ？

小林　私は14年前、上海にいました。日本人向けの衛星放送で紅白歌合戦の合間のニュースで「年越し派遣村」の映像を見てショックを受けました。年末年始の食料支援の列に家と仕事を失った人たちが大勢集まっている光景は、自分がそれまで知っていた日本の姿からはかけ離れたものでした。その群衆の真ん中で黒いコートの男性が演説していて、それが湯浅さんでした。なぜこんなことになっているのか、ちゃんと知りたいと思い、日本から本を取り寄せて日本の貧困を学び始めました。

日本に帰国後は本業の通訳に戻ろうかとも迷ったものの、貧困問題をもっと知りたいとの思いから、ビッグイシューのインターンに応募しました。そこで『ビッグイシュー』の雑誌を販売して自立を目指すものの、アパートの初期費用の壁が高くて路上生活を脱出できない人たちに出会います。体調を崩して雑誌販売もままならなくなった方々が生活保護の申請に踏み切る際に福祉事務所に同行することも増えてくると、生活保護制度の知識を得るために「もやい」のボランティアにも参加し、そのうちスタッフとなりコーヒー焙煎事業のコーディネーターとなりました。7年ほど働いたのちに退職し、「つくろい東京ファンド」の活動に専念することになりました。

家を失った方々が「つくろい東京ファンド」のシェルターを経て、地域で自分のアパートを借りて生活を始めると、今度は社会的な孤立が課題になってきます。精神疾患や、依存などの困難を抱えた人たちも少なくないため、治療やつながり、就労の場など、重層的な支援が大切になってきます。そこで、居場所と就労の場として2017年にオープンしたのが「カフェ潮の路」です。週2回、カフェを開き、人々の交差点のような場をつくりました。コロナ禍の現在は、密が売りだったカフェは開けなくなり、コーヒースタンドと、古本屋、お弁当販売をしています。

カフェ潮の路の計画を立てていた前年に相模原市の障害者施設で殺傷事件が起きました。事件の凄惨さ、動機の恐ろしさ、そして無自覚で残酷な世間の反応に、怒りとか驚きとか衝撃とか、そんな言葉では言い表せない、心が粉々に粉砕されてばら撒かれ、踏みにじられるような思いをしました。あの事件があったことで、私はカフェ潮の路のコンセプトを「いろいろな背景を持つ人々が混ざり、知る。異なる他者と共に在る場」にしようと思いました。

カフェがオープンすると、ゆるやかにいろんな交流や変化が見られるようになりました。寛容なご近所さんや様々なお客様に見守られ、シェルター卒業生の常連さんたちも挨拶をする相手が次第に増え、地域に根付いていきます。生活保護が続かずに路上と施設を何十往復もしていた方が、「3回目のアパートの更新の手紙が来たよ」と報告してくれたりするのが嬉しいです。

コロナ禍の現在はお弁当の販売をしていますが、開店と同時に狭い店内がお客様で溢れます。

2020年春にコロナ感染拡大が始まり、緊急事態宣言が発令されていた頃には、カフェを休業し、「新型コロナ災害緊急アクション」に参加して奔走していました。

●ネットカフェからSNSの相談が殺到した「緊急アクション」

――「緊急アクション」というのは？

小林　2020年4月7日に最初の緊急事態宣言が出ました。住まいがない人たちが夜を過ごすネットカフェやファストフード店も休業の対象になりました。2017年の東京都の実態調査でネットカフェやサウナなどで暮らすいわゆる「ネットカフェ難民」が約4000人いることがわかりました。その人たちが緊急事態宣言下に行き場を失ってしまう。「ステイホーム」する場所が元々ない人たちです。そこで都内のホームレス支援団体の連名で、東京都にビジネスホテルを提供するよう申し入れして働きかけました。東京都も了承して実施することになりました。

ところが都はそのことを広報しない。生活保護についても依然としてあちこちでの水際作戦が報告されていました。そこで「つくろい」のスタッフの佐々木大志郎が中心になって緊急のメール相談フォームを開設しました。ネットカフェ生活者の多くは携帯電話料金を払えずに通話ができない状態にありました。そんな方たちは無料Ｗｉ－Ｆｉの環境で使えるアプリから相談してきます。当初は、稲葉、佐々木が中心になって相談への対応をしました。しかし、リーマンショックの頃と異なり、コロナ禍で影響を受けた人たちは若い女性も多かった。

私自身は当初は相談対応をするつもりがなかったんですが、女性、特に若い女性の駆けつけ支援は男性よりも女性である私がしたほうがいいだろうということになって、参加するようになりました。相談は殺到し続け、相手の性別や年齢には関係なくすぐに駆けつけるようになりました。忙しいときは、1日に3人にお会いしてお話をお聞きして、翌日に生活保護の申請に同行してビジネスホテルの滞在を許可してもらい、住民票が行方不明になっていれば戸籍の附票を取り寄せたり、口座の開設を手伝い、一緒にアパート探しをする。部屋が見つかったら、今度は電化製品や生活用品を一緒に探すなど、相手がサポートを必要としなくなるまで伴走しました。人によっては、アパート入居後もずっと関わりは続いています。

そんな野戦病院さながらの1年半を送ってきて、「緊急アクション、いつまで続くんだろう?」という感じになってしまいました。その間にも緊急事態宣言の合間を縫って「カフェ潮の路」を部分的に再開したりもしましたが、あまりに忙しいので自分で何をしているのかわからなくなってしまいました。地域で暮らすカフェの常連さんたちに会えないのも寂しかった。カフェのスタッフの希望もあり、2022年6月、お弁当販売という形ですが、再開しました。
カフェ運営と同時に、生活相談や生活保護に関する様々なお問い合わせに対応していくなかで、生活保護に伴う「扶養照会」がいかに残酷で無意味かを痛感しました。なので、扶養照会に関する発信や、行政への働きかけにも力を入れています。

――スタッフの役割分担はどうしているのでしょうか?

稲葉　「つくろい」は基本的に個人主義で、それぞれ好き勝手に動いている感じです。私、稲葉はシェルターの運営や資金集め担当。小林は「カフェ潮の路」や扶養照会に関する相談。佐々木はデジタルを活用した様々な困窮者支援プロジェクトを立ち上げており(TikTokなどのSNSで「生活保護おじさん」として制度利用について動画で発信中)、「新規事業部長」と名乗っています。他にも、NPO法人北関東医療相談会のメンバーでもあり、外国人で生活に困窮した人の医療や住まいの相談を一手に引き受けている大澤優真や、シェルターからアパートに移った利用者を訪問して、地域での生活を支えている村田結も各々の分野で活躍しています。

――2012年の生活保護バッシングと翌年の生活保護法改正で扶養義務者への圧力が強化された影響は?

稲葉　利用者への心理的な影響は大きいです。コロナ禍で生活に困窮する人は増えているのに生活保護の利用が思ったよりも増えないのは、若い世代や現役世代の困窮者が増えているからです。それらの少なくない人が親の虐待から逃げてきている人、親との関係が良くない人などで、親には絶対に自分の居場所などを知られたくない人たちです。それが間違いなくネックになって生活保護の申請をためらわせていると感じます。

２０２０年の年末から２０２１年年始にかけて、小林の発案で生活保護利用の阻害要因を調べるアンケート調査を実施しました。四谷のイグナチオ教会で「つくろい」や「反貧困ネットワーク」などが開催した「年越し大人食堂」や大久保公園での「コロナ被害相談村」に来られた１６５人が回答をしてくれましたが、生活保護を利用していない人の３人に１人が「家族に知られるのが嫌だから」という理由を挙げていました。20代から50代の現役世代では４割を超えていました。各社でニュースになりましたが、メディア対策として「ニュースにする」ことを意識して調査しました。

●貧困を季節ネタにしないための報道対応

——支援活動する側でもメディア対応を意識するものですか？

稲葉　貧困についてどう発信していくのかはむずかしいです。メディアは貧困を年中行事のような季節的なものとして扱う傾向があります。つまり、年末年始などの時期には報道が増え、社会の関心も一時的に高まりますが、その時期が過ぎると報道が減ってしまい、社会の関心も薄れてしまう。そういう繰り返しを毎年、見てきました。

そこで、年末年始が終わった直後の１月中旬に、アンケート調査結果を発表し、同時に扶養照会の運用改善を求めるネット署名のキャンペーンを始めることにしました。年末年始の報道で貧困問題への関心が高まったことをある意味、「利用」して、その背景にある制度的問題を焦点化しようと思ったのです。

その後も国会で議論されて、2021年春には厚生労働省は2度にわたる通知を出すなど、親族に対する扶養照会の運用が一部改善されました。ただ、通知の内容も「扶養照会をしてはいけない」ではなく、「省いてもいい」場合の例示を増やすという玉虫色のものです。このため、杉並区のように申請者本人が拒んでいても扶養照会を強行する自治体も未だ存在しています。東京以外の地方の自治体でもひどい対応が多いですね。

――そうした自治体に対して対策はどうしていますか？

稲葉 生活保護の申請者が「私については扶養照会をしないでほしい」という意思とその理由を書面で簡単に伝えることができる「申出書」とチェック式のシートを「つくろい」と生活保護問題対策全国会議で作成し、ホームページでダウンロードできるようにしました。各地でこの書式を活用し、扶養照会を止めている人がたくさんいます。

足立区では区議会議員がこの「申出書」について議会で取り上げた結果、申請者が親族への照会を拒みたいという意思を書面で表明できる独自の書式を区がつくりました。申請者本人の意思を尊重しようとする自治体と、杉並区のように親族への照会に固執する自治体の間で格差が広がっています。

私たちが実施したアンケートでは、「家族に知られたら、つきあいができなくなってしまう」「いまの姿を自分の娘に知られたくない」など、扶養照会があるために制度を利用できないという方の声が多数寄せられました。また、過去に生活保護を利用したことがある方からは、役所が家族に連絡をしたために縁を切られてしまったという体験談も寄せられました。行政はこうした声を受け止めるべきです。

●画期的だった？ 首相の「生活保護」についての発言

――２０２１年の菅義偉首相の「生活保護を利用するという方法もある」との答弁は画期的でした。

稲葉　実はコロナ禍になって政府も対応を変えていて、安倍晋三首相（当時）も２０２０年６月に共産党の田村智子衆議院議員の質問に答えて、「ためらわずに申請してほしい」という答弁をしています。２０２０年12月には厚労省の特設サイトに「生活保護の申請は権利」だと明記しています。これは生活保護法が制定されて以来、初めてという歴史的な快挙です。

これは反貧困運動全体の成果と言えると思います。私たちは以前から生活保護制度の改善に向けて厚労省に申し入れを続けてきましたが、コロナ禍では資産の扱いなどについても、一定程度、柔軟に対応していくという通知が出ています。

メンタリストのＤａｉＧｏが生活保護の利用者を誹謗中傷する発言をして私たちが批判したタイミングでも、厚労省は公式ツイッターアカウントで「生活保護の申請は国民の権利です」という発信をしました。現場のことを理解する官僚がいてくれたからだと思います。

●困窮者支援現場に少ない女性の支援者、メディア社会もホモソーシャル

――小林さんは支援の現場では数少ない女性です。女性の困窮者も増えているのに、支援現場になぜ女性は少ないのでしょう？

小林　女性に特化した支援を担うのは女性の支援者が多いのですが、多くの困窮者支援団体は男性の独壇場です。これは困窮者支援団体に限らず、企業や政治の場面でも同じで、日本社会のジェンダー問題がそのまま支援現場でも表れているだけの話です。支援活動の現場は特にホモソーシャル[*1]だと感じます。支援の現場に女性はたくさんいるのですが、前に出るのは常に男性です。女性は男性の下支えのような役割がほとんどなのがとても残念です。団体内でセクハラや性暴力の問題が起きても、団体を去る羽目になるのは被害者の女性で、加害男性の方は残ることができます。

また、ジェンダー偏向が問題視されるようになったからといって、見た目だけ整えようと「ジェンダーバランスが悪いから」という理由のみで写真に入るように言われたり、出演依頼が来たりすると複雑ですし、不快です。出る女の形をした杭は打たれる日本社会で、あまり目立

＊1　ホモソーシャルとは、女性を排除することによって成立する男性同士の緊密な関係性を意味する社会学の用語。人によって、男たちが公共領域を占有していることを指したり、ミソジニー（女性嫌悪）をそう呼ぶ人もいてややばらつきがある。

ちたくないという気持ちはありますが、未来を生きる女性たちのためにも、私は発信もし、前にも出るようにして、道を広げておきたいと思っています。

稲葉　発信している女性活動家へのバッシングはひどいです。同じ内容を男性が発信しても叩かれないのに、女性だと執拗に攻撃してくる。反貧困の分野に限ったことではありません。あまりにひどいため、発信することや運動そのものを止めてしまった女性もいます。

――リーマン期とコロナ期を比べてみて変化はありますか？

稲葉　貧困報道の担い手は実は増えなかったと思っています。リーマン期の派遣村では数多くの報道関係者が取材に来ました。その頃から頑張っていた記者で、いまも貧困報道を続けている方は何人もいらっしゃいますが、新たに参入する人はあまり多くないと感じています。コロナ期も初期の頃には大手メディアが生活困窮の問題を取材し報道してくれました。NHKの「おはよう日本」や「クローズアップ現代」などです。ですが、次第に潮が引くように取材に来なくなる。新しい「切り口」や出来事がないとニュースにはならなくなる。継続的に報じてくれているのは、NHKでは総合チャンネルではなく、Eテレの「ハートネットTV」「こころの時代」、民放だとTBS「報道特集」くらいです。

そうしたなかで、民間で独自に調査をして問題を可視化するという手法がますます重要になってきていると考えています。外国人の貧困問題では、2022年3月に、外国人の医療支援を続けるNPO法人北関東医療相談会が入管（出入国在留管理庁）の収容施設を仮放免になった外国人の生活実態を調査して記者会見し、新聞やテレビでも大きく取り上げられました。この調査を取りまとめたのは、「つくろい」のスタッフでもある大澤で、私や小林もこの記者会見の内容をもとにネット記事を書いて応援しました。

今年2022年に入ってからマスメディアはウクライナ一色。実際にどの食料支援の現場でも食料を求めてくる困窮者の数は昨年と比べても増えているのに、報道は減少傾向にあります。マスメディアにはあまり期待できない状況なので、最近はネット媒体など自分たちで記事を書いてSNSで発信することに力を入れています。

小林　私も女性週刊誌のネットメディアに記事を書かせてもらうことで、これまで届かなかった読者層に声が届いていると実感しています。ツイッターも最近始めましたが、若い層は既にツイッターからTikTokやYouTubeに流れていて、遅きに失した感があります（笑）。

●いまも大きいテレビの影響

稲葉　テレビは個別相談の場面を撮りたがりますが、当事者は家族に知られることを恐れる人が多くいます。そうなると基本的には断ることになります。Eテレの制作者など、長期で現場に入り、信頼関係をつくって取材を進めてくれる人はいいですが、ぱっと突然入ってきてカメラを回そうとする人もいます。相談会の現場ではメディアスクラムの問題も起きました。他方でいまもテレビの影響は強いと感じています。

生活困窮の当事者はあまりテレビを見ているわけではありませんが、ニュースに流れるとYouTubeで流れます。困窮者はそれを見て相談にやってくるので、テレビは変わらず信頼性が高いですね。

小林　明らかにひどい福祉行政の対応でも、なかなか報道されない現状があります。なぜこれが記事にならないのか、と不思議になるようなケースもあります。

稲葉　リーマン期には労働者派遣法が改正されて、労働の分野での規制緩和が進んで非正規の人が増えたというわかりやすい構図がありました。現在のコロナ期はリーマン期の状態が続いて非正規の人が多い現状が「当たり前」になっています。いまの若い世代にとっては、最初から非正規で働くのが「当たり前」の状態で、自己責任で生き抜いていくことがデフォルトになってしまっています。

小林　水際作戦をしているとしか思えない自治体の中には、抗議しても申し入れをしても取り合わないところもあります。事実確認すらさせない。区議会議員に議会で追及してもらっても、言い分も二転三転するなど、とても不誠実です。一部の役所の対応は生活困窮している当事者を人間扱いしていないのではないかとすら感じることがあります。生活に困って行き場をなくした人たちの隣にいると、彼らの尊厳がこうして踏みにじられ続けてきたのだ、と苦しくなります。改善を求めていきたいです。

栗林知絵子

〝おばさんのおせっかい〟が地域を照らす

「すべての人を味方に」の精神で子どもの貧困に立ち向かう

東京・池袋駅から徒歩圏に自宅がある。男子2人を育てた母親でもある。食物アレルギーを抱える次男が遊べる環境をと「プレーパーク」活動を手伝ったことで、ご飯をまともに食べていない子どもや居場所がなくて非行に走る子どもたちの存在に気がついた。

「様々な地域の問題を解決したい！」と一念発起。湯浅誠が労働問題の活動家らと始めた「活動家一丁あがり！」講座に参加した。筆者が初めて会ったのもこの講座だった。気になる子どもの一人だった中学生のケンイチくん。家庭の事情で学習が遅れ、高校入試に不安を抱えていた彼を自宅に呼び、勉強を教えていた姿が印象に残っている。

その後、豊島区全体に活動の輪を広げ、「無料学習支援」や「子ども食堂」、行き場のない子どもの居場所づくりなど、「子どもの貧困」にかかわる取り組みで地域を明るくしたいと、「豊島子ども

WAKUWAKUネットワーク」を設立し、理事長に就任した。WAKUWAKUは、子どもを抱えて困窮する人々の様々なニーズに応えようとしている。「広がれ、こども食堂の輪！」全国ツアー実行委員会代表として子ども食堂を全国に広げるためにも奔走した。

現在、コロナ禍で収入が減少した母子家庭にコメなどの食料を配付するフードサポート事業「ライス！ナイス！プロジェクト」を豊島区や社会福祉協議会、企業などと実施。毎月、区内の様々な人たちにボランティアに参加してもらって支援の輪を広げている。多くの人たちの顔と名前を覚えて、「あらー、○○さん！　元気にしてる？」と真っ先に声をかける。

エネルギッシュで人を巻きこむのが上手だ。行政も企業も、大人も若者も、その場にいる人たちを仲間に引きこむ吸引力は抜群だ。そんな「おばさんのおせっかいパワー」で「子どもの貧困」解消に取り組む。NHKの「日曜討論」で閣僚らを相手に持論を披瀝することもある、この分野の第一人者の活動家だ。

●普通の主婦から活動家へ　きっかけは湯浅誠との出会い！

——普通の主婦だった栗林さんが活動家になったのは、どういう経緯でしょう？

栗林　そんな…、活動家になったつもりはないですよ（笑）。私は2009年年始の派遣村のニュースで湯浅誠さんに注目して、彼が活動家の養成講座をやると聞いて、参加したという流れです。

その前は池袋のプレーパークに自分の子どもを連れて行き、遊んでいました。そこで知った子がごはんを食べてないとか夜の町で出会うとか、次第に問題を感じるようになりました。でも、「貧困」とその子たちが結びついていませんでした。虐待やDVとか精神疾患など何も知らなかったですから。

――当時の湯浅さんは社会構造としての貧困、家族や教育、福祉からの「排除」などという言葉を使いながら、テレビや新聞で貧困の構造を解説していました。

栗林　そこに私はひっかかったんですね。湯浅さんの講座に行きたい、行ってみたいって。「活動家一丁あがり！」講座は2期生として参加しました。2010年です。応募書類を書くんですが、読み返すとそこで書いたことと、いまやっていることはまったくぶれていません。地域の子どもたちでごはん食べていない子がいて、真心のこもったおにぎりをつくって食べさせる機会をつくりたいと書いていました（第Ⅰ部90ページ参照）。

――「一丁あがり！」講座で学んだものは何でしたか？

栗林　まずは、大久保製壜という、昔の労働運動のDVD（注＝ドキュメンタリー映画「人間を取り戻せ！　大久保製壜闘争の記録」。大久保製壜所という会社で働く障害を持った労働者が差別や暴力、虐待を受けたことに抗議して1975年～1997年に行なわれた労働争議の記録）や、ホームレス「あしがらさん」（飯田基晴監督のドキュメンタリー映画）のDVDを見て、労働組合の役割やシングルマザーの問題など、知ることすべて初めてでした。

――あの講座は1年間、講義を受けて、「卒業イベント」をするのでしたよね。

栗林　そうですね。100人くらい人を集めて、「卒業イベント」を実施するのが修了の条件でした。私はそれができなくて、「留年します！」って言ったんです。それで翌年も行きました。「一丁あがり！」に行くのが楽しかった。でも、翌年の2011年、東日本大震災になっちゃった。

●「子どもの貧困」の問題に気づかせてくれた様々な出会い

栗林　1年目のその「一丁あがり！」講座のときですが、秋に明治公園で「反貧困ネットワーク」の集会があって、その準備を話し合いました。そこで山野良一さん（元児童相談所職員、沖縄大学教授、「なくそう！子どもの貧困」全国ネットワーク世話人）と綿貫公平さん（元中学校教師、「なくそう！子どもの貧困」全国ネットワーク世話人、全国進路指導研究会世話人）に出会いました。「貧困」の問題で、子どもについての活動があると初めて聞いて、グループに参加しました。そこで無料学習支援という活動があることも知って…。

そうこうするうち、プレーパークに来ていたケンイチくんから「俺、高校に行けないかもしれない」って言われて、彼の受験サポートを私の家でやることになりました。「一丁あがり！」で、いろんな人につながるネットワークがなければ、無料学習支援もやらなかったと思います。

――ケンイチ君に勉強を教えたことも「一丁あがり！」が底流にあるわけですね。

栗林　そのときに湯浅さんからピンポイントでもらったアドバイスや、こうすればいいんじゃないと言われたことは、私の活動が展開していくなかでの大事なポイントだなって思います。

――結局、「一丁あがり！」は2年かけて卒業したわけですか？

栗林　2年目に、地域でケンイチくんについての勉強会をやって。その年に原発事故があって、12月31日大晦日の深夜12時に、経産省前のテント（「脱原発テント」）。福島第一原発事故から半年後、原発廃止を訴える「人間の鎖」が経産省を囲み、若者たちがハンガーストライキを決行。そのサポートに一張りのテントが張られて、24時間体制の市民運動の拠点となった。国が立ち退きを求めて提訴、最高裁まで争われた末に国の勝訴が確定した。２０１６年8月に強制撤去）に集合して、「一丁あがり！」の実行委員や参議院議員の福島瑞穂さんらと語り合う会もありました。

●自ら保証人になることの「背中」を押される

栗林　経産省前のテントで湯浅さんと話したときに、地域での学習支援で社会福祉協議会の「受験生チャレンジ事業支援貸付金」に申請するけど、結局保証人が他にいなくて、私が保証人になったと話したんです。多分、湯浅さんが活動する「もやい」で元野宿者のために部屋を借りるときの保証人を湯浅さんたちがやったと聞いてなければ、私も保証人にならなかったと思います。

思い出すのが、東日本大震災のときに、松元千枝さんたちが、福島にがんがん行ってたことです。私は「恐ろしい」と思って…。私は子どももいたし、目に見えない放射能のところに行くのはすごいと思っていました。そのときも河添誠さんが、「そこに困っている人がいるんだよ。行かなきゃどうするんだ！」と言って（笑）。もうこの人たちの覚悟はすごいなと。そういうのを聞いていたのもあって、保証人に自分がなろうと思えたのもあります。

その大晦日に湯浅さんに話したら、「保証人のことも自分だけで抱えないで、勉強を支えているみんなで受ければいいじゃない」と言われて。帰ってから急いでケンイチくんのことを紙に書いて、地域の人たちに1000円のカンパを募るっていうことにつながりました。

●無料学習支援が活動の原点に

栗林　「一丁あがり！」のように、同じ価値観の人とか先輩にいまやっていることを話して、壁にぶつかったときにアドバイスをもらったりできる環境って、すごく大きいと思います。

「一丁あがり！」のなかで、私はこういうことやったという発表会で、私の発表のあとに湯浅さんが「栗林さん、そんなに地域にこだわってやりたいなら、地域で仲間を見つけたほうがいいよ」と助言してくれました。その後で、WAKUWAKUをいま一緒にやっている天野敬子さんを訪ねていき、「仲間になろう！」と説得しました。そんな行動ができたのもそのひと言が大きかった。

――ケンイチくんの活動は結局どういう形になったんですか？

栗林　ケンイチくんの学習支援の報告会を2012年6月24日にやったときに、湯浅さんに無料で講演に来てもらい、「子どもの貧困」って見えにくいけども、地域の問題なので、みなさんとつながって、子どもの環境を変えるための「ゆるやかなつながり」をつくりましょうと呼びかけました。そしてできたのが、「豊島子どもWAKUWAKUネットワーク」。その日が設立日になりました。

ケンイチくんのためのカンパを集めて、報告会をやらなきゃっていうところに追い詰められなければ、ＷＡＫＵＷＡＫＵネットワークはなかったんですよね。ケンイチくんは一次募集で都立高校に落ちたけども、二次で工業高校に合格。結局、塾代の20万円は償還免除で社協に返さなくてもよくなった。カンパを集めていたので、そのお金で報告会をやって、それを元手にＮＰＯをつくりました。ケンイチくんはそのあと、立派に就職しました。

――現在、ＷＡＫＵＷＡＫＵはすごく大きな事業体になっていますね。

栗林　ＷＡＫＵＷＡＫＵを設立したときは、私と天野敬子さんしかいなくって。そのあとワークショップをして、ケンイチくんのような子が、小学生から来られる無料学習支援と、みんなで団欒できる子ども食堂をつくろうという流れが生まれました。そのあと、プレーパークが区の事業として２０１３年度で終わるという話になって急展開しました。使っていた土地には学校が建つので事業中止の予定となりましたが、貧困でつながったみなさんが声をあげてくれて、行政が結局、空き家を３軒購入して、プレーパークの存続につながりました。

「できればプレーパークを任意団体に委託したい」と区が言ってきて、ＷＡＫＵＷＡＫＵをＮＰＯにして、「池袋本町プレーパークの会」をその傘下にする考えが生まれました。ＮＰＯにするには理事をどうするかとなって、プレーパークにかかわった山本道子さん、子ども食堂を一緒に始めた山田和夫さん、無料学習支援でかかわる近所のお豆腐屋さんの奥さんとか、そういう人たちに理事になってもらって、ＮＰＯができたんです。

２０１３年８月にＮＰＯが生まれて、２０１４年秋にプレーパークを新しいところで新たにオープンして、WAKUWAKUが委託を受ける形になりました。

●「ネットワーク」、そして「コミュニティ・オーガナイジング」の考え方

栗林　WAKUWAKUをNPOとしてみんなでつくろうとなったときは、湯浅さんが政府の参与を降りた頃でした。その頃、湯浅さんの文章を読んで、自分は政府という場所に入ったけれども、政治を動かすときにはもっと広く、これからは「ネットワーク」がすごく大切だと書いてあって、大変共鳴したんですよね。

遊び場も大事だけども、いろんなところがネットワークでつながらないと。子どもはそこらじゅうにいる。この子ともう一人の子は年齢も違うし、課題も違う。ネットワークが大事っていうことにはすごく共鳴しました。それで「WAKUWAKUネットワーク」という名前にしようねって提案したことを覚えています。

――栗林さんは行政をあまり強く批判せず、行政も民間の力も借りるという姿勢ですよね。

栗林　そういうことってあまり考えたことないんだけど…。あるときに反貧困ネットワークの企画で「コミュニティ・オーガナイジング」の講座に行きました。それにすごく共鳴しました。社会が変わるためには、市民がつながって、大きい力にしていこうと。そこに共鳴して、「コミュニティ・オーガナイジング」の研修に行きました。

――それはどんなものなのでしょう？

栗林　豊島区でクローバーっていう学習支援（学習支援会クローバー）を最初に立ち上げた弁護士

の谷口太規さんとも「子どもたちの学習を地域の大人たちが支える。こうして市民がつながることで社会を変えたいね」と意気投合しました。いろいろな活動が、いま地域のなかでできています。

フードサポートは短期的な食料支援に見えるかもしれないですが、回を重ねるごとに、子どもを大切にしたい、困っている子どもを支えたい、という価値観でつながっている実感があります。支援する側だけじゃなくて、支援される側も含めて、その地域の意識を変えていく。そんな大きな活動になっていています。

●地域の意識を変えるための「出会い」の場

――どのようにして地域の意識を変えていこうと?

栗林　やっぱり出会うこと！　出会う機会をつくる。勉強がわからないとか、ごはん食べてないとか、そういう子とプレーパークで出会わなかったら、いまの私は絶対ない。食料支援をきっかけに、お米をありがたいと取りにくる人たちとの対話のなかで、みんなの意識が変わっていく。

こういう地域にしたいと共鳴する人たちが増えることで、政策や行政のあり方も変わる。対立や否定をしても何も生まれない。ちゃんとつながる。行政と対立って、あり得ないですね。

――そこが栗林さんはすごいところですね。やはりどうしても対立してしまうものでは?

栗林　でも、この10年で行政もずいぶん変わってきたと思います。行政ができないことって、それなりにできない理由があったりする。聞いてしまうと、行政側を責めてもなにも変わらない。

――栗林さんは「貧困」という言葉はあまり使わないんですか？

栗林　いや逆です。子どもの貧困をテーマに活動していますというのを、毎回、活動の最初に話しています。子ども食堂にかかわる人たちは子ども食堂＝貧困対策ということをすごく否定されますが、なぜそんなにアレルギーを持っているのか、私にはわからない。

だって、十何年前よりはこれだけ法律もできて、これだけ実態調査もして、子どもの貧困を語らない行政だと、「ちゃんとやってるのか」と批判を受けるようになってきています。行政の人たちも実態がわかれば、積極的に動いているとは思います。

解決方法として、いろいろ子どもの声を聞く場をつくったり。あと、豊島区は１９８８年だったかな、西巣鴨で是枝裕和監督の映画「誰も知らない」の舞台になった実話がありました。西巣鴨であった巣鴨子ども置き去り事件[*1]ですね。

それがあって、10年近く経って豊島区は２００６年に「子どもの権利条例」をつくった。当時は自民党から条例をすごく反対されたんですって。でも、「豊島区は子どもの権利条例があってすごいですね」と、いまは社会が評価するようになって。区もいますべて、子どもの権利条例に紐づいた子ども・若者総合計画をつくりました。行政の人たちも意識が変わってきたと思います。

――WAKUWAKUは他の団体との連携もしているんですか？

栗林　豊島区のTENOHASIの事務局長の清野賢司さんとは交流があります。

以前、「緊急事態宣言で行政からホテルを提供してもらっているが、宣言解除でホテルから出なきゃいけない」という男性がいました。「自分は北海道出身で、単身で、でも元気だから生活保護は受けたくない」と、WAKUWAKUで子どもたちへの食材を梱包するバイトをしていました。その仕事がなくなったので、TENOHASIに相談に行ったんです。いったん生活保護を受けて、住所を得てからでないと、なかなか仕事につながらないとそこで助言されて、結局、生活保護を受けて、仕事が見つかりました。こちらでバイトがなくなっても、そこなら仕事の相談もできるよと、TENAHASIにつなぐ。そういう連携をしています。

●「早い時期に支援につながっていれば…」と思うケースが増加

――「子ども食堂」などの支援のあり方で感じていることは？

栗林　この10年で全国に子ども食堂がこれだけ実際に誕生したのは、すごいことだと感じます。そういう意味で湯浅さんは活動を広げるために尽力したと思います。

＊1　巣鴨子ども置き去り事件。1988年7月18日に発覚。東京・豊島区巣鴨のマンションの一室で40歳の母親が14歳の長男を頭に子ども4人と親子5人で暮らしていたが（年齢は当時）、母親が愛人と同棲するため子どもを置き去りにした。警察の捜査で部屋から嬰児の死体が見つかり、母親は保護責任者遺棄罪で逮捕起訴された。長男も友人たちと三女を暴行の末に死なせていたことも発覚。子どもたちは全員出生届が出ていなかった。

でも、やっぱり子どものうちになんとかすべきだと思います。「もやい」で長くボランティアをしていた人がWAKUWAKUにも関わっていますが、「『もやい』で支援する野宿の人などの困窮者、特に若者は、もっと前に相談できる人がいて、こうなる前に誰かにつながっていれば、人生がまったく違っていたのに」と感想を漏らしています。

「幼少期、小さいうちに支援につながることがすごく大事だ」って本当にそう思います。母子家庭のお母さんらが、もっと早いうちに誰かに相談して、社会資源につながることが、長い目で見たときに虐待やネグレクトなどの悲劇を起こさない問題解決になっていく。幼少期に子育ての責任を家庭や学校だけに押し付けるから孤立してしまう。

地域の子ども食堂など、子どもたちといろんな関わり方をする人が世の中に増えることが大事です。けっして特別なことではなくて、昔からある、「当たり前でしょ、地域の子なんだから」っていうような地域の共通理解です。

●「おせっかいの輪を広げる」が10年目のビジョン

――栗林さんは以前、「おせっかいなおばさん」を自称していましたが、いまもその意識ですか？

栗林 そうです。WAKUWAKU、10年目でビジョンをつくりました。「おせっかいの輪を広げる」。それがめざす社会。無関心ではない社会。隣の人やまわりの人たちに関心を持つ社会です。

そのためには地域の人たちが、ひとり親家庭の現状を知る機会をいっぱいつくったり、「区民ひろば」（豊島区が区内各所に広げている公民館。WAKUWAKUは頻繁に利用し、母子家庭などに食料を手渡す「フードサポート」を実施している）のような公的な場所で、ひとり親の支援、食料配布とか、ひとり親のコミュニティや外国ルーツの人たちのコミュニティが当たり前に地域にできる。行政がそこに案内し、つないだり、いろいろなネットワークを駆使し、認知されていく。支え合うためには、いまのフードサポートの取り組みは、とても大事な活動だと思います。

――フードサポートの現場で、当事者の相談はどのようにやっているのでしょうか？

栗林　何かあればメールでやっています。申し込みのときにメールで相談事項を書いてもらい、それに対して全部お返事をして、会う約束をしたり、「よかったら相談しませんか」とか、そこから住まいを一緒に探したりしています。食料受け渡しの場では信頼関係を築くことを大切にしています。「あなたのこと地域はこうやって大切に思っています」「いつでも相談にきていいし、困ったときはこうやって食料を渡します」と伝えることに撤しています。

フードサポートで当たり前のように「お米取りにいかなきゃ！」「本当に地域ってありがたいね！」と明るく言う環境で育つ子ども。地域に支えられて食料を渡してもらうという経験をひとり親のお母さんがしているのを見ている子どもと、ひとり親ががんばって誰にも言えずに孤立して子育てする親を見る子と比べて、豊かさ、心の丈夫さ、価値観などが、全然違うと思います。

いまがすごく大変でも、地域に見守られて支えられて、なんとかなると思える安心感を持つことが大事です。いま生活に困っていても、いろんな制度を利用することで、「大丈夫。なんとかなる」とまわりが支えて解決方法を考えていく。地域だから距離感を持って見守れるし、一緒に汗もかける。こうして多くの人と一緒に活動できるのがすごく楽しいし、幸せです。

渡辺寛人

「貧困と労働」をともに最前線で実践し、発信する

諸問題を出版などで提起するPOSSEの編集長兼事務局長

休日に若者たちが集う街・下北沢。駅を降りて徒歩十数分の住宅街に小さなオフィスがある。POSSEと書いてポッセと読ませる。2006年、大学生が設立したユニークな団体だ。「労働」を活動の基本におき、若い世代を中心に労働をめぐる相談活動をして、ときに新しい労働組合を結成して団体交渉にも臨む。

活動がユニークなのはナショナルセンターに属さず独立した新規の労働組合という点だ。自分たちでシンポジウムなどを実施し、活動の記録などを季刊誌として年に3回発行する出版活動もする。知識人が読む雑誌として新聞の論壇などで話題になる論文も多い。設立メンバーで代表理事を務める今野晴貴が著した『ブラック企業』[*1]『ブラックバイト』[*2]から生まれた言葉もこの団体が発信源になった。

ＰＯＳＳＥで事務局長兼編集長としてメディアにたびたび登場するのが渡辺寛人だ。10年程前に初めて会ったときには、一橋大学大学院で貧困問題や社会政策を研究する院生だった。研究者肌ながら実務能力も高く、仕事を的確にこなす。ＰＯＳＳＥが新聞やテレビの報道で頻繁に登場するようになったいまでも、その活動は外にはわかりにくい。従来型の労働運動と趣きが異なるせいだろう。第一世代で創設メンバーの今野が研究にやや軸足を移し、実質的に現在のＰＯＳＳＥの活動の多くを仕切っている渡辺に詳しく聞いてみた。

この20年あまりの運動を振り返りながら、渡辺は、労働運動にいま、若い女性たちがどんどん入ってきて新しい風を吹かせていると、ＰＯＳＳＥのＩｎｓｔａｇｒａｍにアップした彼女たちの団体交渉などの写真をうれしそうに見せてくれた。

●コロナショック以降、貧困運動に若い女性たちがたくさん参加して様変わり

――リーマンショックの頃とコロナショックの現在を比べて、変化はありますか？

渡辺　僕も派遣村がきっかけでＰＯＳＳＥに参加した経緯がありますが、それに似ています。コロナで労働問題や貧困問題の報道がかなり増えました。なにかしたいといろいろ調べてＰＯＳＳＥにたどりつく若者が、コロナになってからのこの2年で３００人以上。高校生や大学生、20代の労働者からの応募がすごく増えています。その9割程が女性です。あとは海外にルーツを持つダブルやセクシャルマイノリティなどの若い人が労働や運動の現場に増えています。

――そういう人たちはなぜ来ているのでしょうか？

渡辺　女性は留学志向や海外に行きたい思いの強い人が多かったです。なぜ海外かと聞くと、日本での生き方に嫌気がさしている。日本で求められる女性の生き方に息苦しさを感じている。ふつうに就職して働く、自立して生きようと思っても、総合職なら長時間労働や全国転勤など責任が重いし男性並みの競争に耐えなきゃいけない。それが嫌となると、一般職や非正規で男性に依存しないと生きていけない。つまり、彼女たちは日本社会での生きづらさや閉塞感を抱えており、それゆえ社会に矛盾を感じやすいのだと思います。

しかし、コロナで国外に出て行くことができなくなってしまいました。国内に目を向けると、外国人労働者や女性の貧困が運動や報道で可視化されていくなかで「なにかできることはないか」とPOSSEに来るようになっています。

また、コロナで大学がオンライン化しました。就職活動やサークルも2020年に止まってしまいました。それで自由に考える時間ができた部分もかなり大きいと思います。ジェネレーションコロナ（コロナ世代）って、これまでの大学生活や高校生活が送れなくなって思い出がつくれなくなってかわいそう、みたいに報道されるじゃないですか。もちろんそういう面もあるとは思いますが、僕が感じていたのは、そもそもコロナ以前の大学生活だってそんないいもの

＊1　今野晴貴著（2012）『ブラック企業1』（文春新書）、同（2015）『ブラック企業2』（文春新書）

＊2　今野晴貴著（2016）『ブラックバイト』（岩波新書）

でもないということです。

アルバイトや就職活動ですごく忙しい。コロナでもちろん大変になっている人もいますが、他方で自由に考える時間ができたことの意味は大きいと思います。立ち止まって、自分はなんのために生きているんだろう、と。これまで就活とかですごく狭まっていた視野が広がっている部分もあるのかなあと思います。そういう経緯でかなりボランティアが来ています。みんな、労働運動の現場での団体交渉とかに来るんですよ。コロナで解雇された人たちの交渉とかにも来て。

●若い女性たちが自分たちで声をあげて「社会を変えていく」ことを体験

――団体交渉って、怒声が飛んだり、かなり激しいやりとりもありますよね？

渡辺　激しいですね。その場で解雇撤回や未払い賃金の支払いを求めていきます。ただ、そうした場に自ら参加し、問題が解決していくことを経験するなかで、社会っていまある選択肢だけじゃなくて自分たちで新しい可能性とか、声をあげてなにか変えていくことが可能なんだっていう能動的な経験を積む機会になっています。

そういう若者たちが、自分たちで運動をつくっていこうということで、プロジェクトを自ら立ち上げ、運動に主体的にかかわるようになってきています。２０２１年の年末には「家あってあたりまえでしょプロジェクト」を立ち上げました。さいたま市が年末年始に家がない人たちに、ホテルとか個室を用意するっていうことをやっているのですが、それをぜんぜん宣伝していない。しかも用意する部屋は10部屋のみで「少な！」という感じでした。だったらちゃんとアウトリーチして行政の制度につなげようっていうことで、大学生が20〜30人集まって、大宮の駅周辺のネットカフェなどにいって、安定して寝泊まりする場所がない人たちに対して「泊まれる場所ありますよ」とどんどん声かけていきました。

ホームレスの人たちには貧困ビジネスを経験した人も多いので、最初は「行政は信用できない」と断られることも多かった。でも、彼女たちは諦めずに、「行政が個室を用意しているから、一緒に権利を行使しましょうよ」と説得して、行政の窓口につないでいった。ところが、行政の対応はひどくて、そもそも10部屋を用意することすらしていなかった。窓口で「ホームページに書いてあるでしょ」とやり合って、その日のうちに部屋を用意させました。それでつながった当事者のおじさんたちも、「こんな若い人たちが一緒に闘って声をあげてくれるんだ」ってことで、知り合いの他のおじさんに声をかけにいったり。こうした活動を年末、4日間かけてやりました。

僕も彼女たちと一緒にやって、すごく新鮮でした。一緒に闘って、その闘いの中で、大学生も当事者のホームレスのおじさんたちも変化して一緒に権利を求めていくような連帯がつくられていくような契機になっていって。

ほかにも、技能実習制度を廃止するためのプロジェクトを立ち上げ、技能実習生の権利行使を支える活動に力も入れています。最近始めたのは奨学金という借金の帳消しを求めるプロジェクトです。それもZ世代が中心になってやっています。そういった新しい若い世代の運動が出てきています。ＰＯＳＳＥがやってきた労働運動の経験を若い世代と共有し、それを土台にしながら、新たな実践を展開しています。

――埼玉の活動って、藤田孝典さんとも一緒にやっていたんですか？

渡辺　藤田さんも一緒でした。福祉事務所でみんなで詰め寄って、「ちゃんと部屋を用意しろ」と。３日目は、用意していた10部屋が埋まったこともありかなり揉めましたが、４日目は交渉が功を奏したのか、福祉事務所の対応が柔軟になりました。みんな福祉事務所の中で、「ルールより命を」と権利を求めていきました。

――迫力がすごいですね。

渡辺　10部屋だけといっていた市も、最終的に17部屋にまで増やしました。自分たちの手で行政の仕組みを変えた。そもそも制度があっても使えなかったものを使えるようにしました。

――思い出しました。その埼玉で２００７、８年頃、猪股正弁護士や湯浅誠さんが家のない人に部屋を確保する活動をやっていました。私もそれを取材していたんですが、その頃に「そうだ、そうだ」って言ってた人って、中年以上でした。かなり様変わりしているのかな？

渡辺　いま、中心になっているのは若い女性が多いです。すごく新しい感じがします。やっている内容は２０００年代の反貧困運動が求めてきたことの延長線上にあると思いますが、彼女たちは２０１０年代に中学や高校を経験しているＺ世代で、派遣村のときは小学生ぐらいです。

――大学の授業で派遣村について学生に話しても、「それって何ですか？」とか言われます。

渡辺　僕も派遣村はつい最近あったことだと思って話すと、この世代の人たちには通用しません。

●貧困報道は「責任追及型」から「救済型」「チャリティ型」「調整型」に

渡辺　貧困の問題のされ方が、２０００年代には「責任追及型」だったと思うんですよね。派遣の責任をキャノンとか経団連に求めたりとか、生活保護の問題にしても、水際作戦とか保護基準引き下げ問題とか行政の責任を追及するものが多かったように思います。加害や責任の主体を具体的に追及しながら問題を告発していく。私自身もそれにすごく影響されて運動にかかわるようになりました。

ところが、２０１０年代の貧困報道は大きく変容してしまいました。一つは「反動型」、貧困バッシングです。他方で貧困を社会問題として取りあげる側も責任追及型から「救済型」に変わってしまったなと思います。行政の責任も企業の責任も問われない報道のされ方です。

それは、子どもの貧困が象徴的だと思います。「大人の貧困では自己責任論が強すぎるから、相対的に子どもの貧困だと自己責任を問いづらいので問題にしやすい」というような問題意識があったのではないでしょうか。

子どもの貧困って、確かに子どもは親を選べないから、自己責任だって子どもに言いづらい側面はあると思います。でも、そのことによって、「大人の問題は自己責任じゃん」っていうことが、裏のメッセージとして強化されてしまう。結果的に、大人の貧困は自己責任とされ、あまり取り上げられなくなってしまったように思います。子どもの貧困ってその意味ではすごく広がりやすかったと思うんです。なぜなら、企業の責任とか行政の責任とかが見えづらいので、

「チャリティ型」っていうか、みんなでなんとかしよう、みたいな問題提起の仕方になって済んでしまう。

典型的なのはファミリーマートが子ども食堂をやりはじめたことです。ファミマに限らずコンビニ業界は低賃金の非正規雇用によって成り立っています。さらに、店長であっても長時間労働や低賃金が問題になっており、ワーキングプアを前提にしたビジネスモデルであると言えます。ところが、子ども食堂に取り組みますと言えば、それらの問題を覆い隠すことができてしまう。むしろファミマを批判することが子どもの貧困の解決を遠ざけちゃう、みたいなある種の世論を形成してしまっているところもあります。

子ども食堂も地域の支え合いも、みんなでなんとかしなきゃいけない、みたいな共助の話が中心ですよね。なぜ貧困が起きるの?とか、それを変えていくための企業や行政の責任はどうあるべきなの?ということが、後景に退いてしまう。そんな救済型の報道へという方向に変わってきています。現実には貧困の深刻さは増しているので、貧困問題はよく報道されますが、多くが「大変だからみんなでなんとかしよう」という救済型です。

●運動が行政の「下請け化」していく傾向を危惧

渡辺　報道だけの問題ではなく、運動の側の問題もあると思います。2012年に生活保護法改正と生活困窮者自立支援法がセットで成立しました。これを契機に2000年代に現場でホームレス支援とか、制度外で支援活動をしていたいろんな団体が行政の「下請け化」していく傾向、つまり国から補助金をもらって支援していくという枠組みに組み込まれてしまった。もちろん個々の現場では生活保護行政の問題などに取り組んでいますが、それも当事者と共に闘っていくというよりは、支援者と行政が水面下で調整をしてなんとか事なきを得ていく、多くがそういう「調整型」に変わってしまい、行政の問題を告発するようなことを運動の現場がやらなくなった、という感覚があります。

反貧困運動が2000年代に水際作戦を社会問題化したことの成果もあると思います。いまは支援者がついていったら生活保護の申請は通りやすくなりました。それは大変に大きな成果の一つだと思いますが、同時に、逆に支援者がいないと相変わらず水際作戦をやる。2000年代に告発されてきた問題が部分的にはよくなっていますが、全体としてはあまり変わっていない。その状況のなかで、運動の側もこの状況を変えていくための戦略や社会問題化していく視点が十分ではないと思っています。

他方で、ビジネスによって社会問題の解決を目指すソーシャルビジネスが、貧困問題の領域にも進出してきています。ビジネスとして成り立たせようとすると、結局、ステークホルダーは企業や行政、一般の人たちからの寄付になるので、対立的なことを避けるような傾向が出てきます。

実際に、子どもの貧困への対策をみてみれば、それは明らかだと思います。子どもの貧困は社会全体の問題だから、企業も行政も市民も一体となって取り組むべき課題だとされています。寄付を集めやすい反面で、企業や行政の責任を覆い隠すような、「子どもの貧困ウォッシュ（洗浄）」として利用されてしまう側面を考える必要があります。こうして2010年代には、全体的に融和的な雰囲気がつくられてきました。貧困が広がっている、みんなでなんとかという枠組みになって、企業や国家の責任が問われず、追及されない。こうした問題意識がありました。「家あってあたりまえでしょプロジェクト」を立ち上げたZ世代の若者たちとは、こうした2000年代の反貧困運動と変節を改めて共有してきました。いまも水島さんのNNNドキュメント「ニッポン貧困社会〜生活保護は助けない」（2006）などをみんなで見たりしますが、辞退届の強要や水際作戦で餓死するような状況はほとんど変わってないと思います。他方で貧困問題はより深刻化し普遍的な問題になっています。だから2000年代にやってきた経験を共有しながら、それを新しい世代でアップデートしていくような取り組みをしていくことが求められていると思います。

行政のあり方や非正規を使い潰していく企業と闘っていかない限り、貧困問題は解決できない。コロナで運動に参加した世代と問題意識を共有しながら、貧困運動や労働運動を次の世代につないでいこう、そんなことを考えてやっている感じですね。

●NPOから労働組合を立ち上げ、外国人支援や大人食堂を

——POSSEというと今野さんの印象が強いですが、渡辺さんはどこから関わることに？

渡辺　今野が2006年に大学の仲間と団体を立ち上げて、当初はフリーター問題を中心に取り組みが始まりました。「非正規が増えるのは若者が駄目になったからだ」という「若者バッシン

グ」があるなかで労働相談を中心に活動していました。僕が合流したのは２００９年です。友人に誘われて「年越し派遣村」にボランティアとして参加して、そこでＰＯＳＳＥのメンバーと出会い、会議に誘われたのがきっかけです。当時、僕は20歳で今野が25歳ぐらいでした。現在ＰＯＳＳＥで中心的に活動しているメンバーの多くがリーマンショック世代です。当時も、ある意味でコロナ禍の現在と似たような雰囲気で、多くの若者がボランティアとして参加していました。それまで貧困問題について大学で学んでいて、知れば知るほど絶望的な気分になっていたのですが、ＰＯＳＳＥと出合って、社会を変えていくために具体的に考え実践していく同世代の存在に影響を受けて、いまでは事務局長を担っています。

——いつのまにか労働組合を持つようになりましたね。

渡辺　ＰＯＳＳＥはずっとＮＰＯとして活動してきましたが、２０１４年に「総合サポートユニオン」という労働組合を自分たちでつくりました。現場の労働問題に取り組む主体を、これまでＮＰＯとしてやっていたものから労働組合にして、自分たちで団体交渉を含めてやるようになりました。ブラック企業と闘うために、ストライキを組織するなど様々な方法で活動を広げてきました。

労働問題を組合でやるようになった一方、ＰＯＳＳＥとしてなにをやっていくか議論しています。２０１５、16年まではブラックバイトの問題に取り組みました。その後は、大人食堂です。貧困対策として子ども食堂が拡大していくなかで、大人の貧困を可視化する取り組みも必要だと考えました。２０１７年から18年に仙台ＰＯＳＳＥが初めて実施しました。それで、稲葉剛さんたちから、「東京でもやりたい」と声をかけてもらって、一緒にやりましょうと、東京でも大人食堂を始めました。

コロナの前の2018年、19年頃から外国人労働者の支援もやろうと議論を始めていました。労働市場に外国人労働者がかなり増えて、そこに取り組むことを議論するなかで、2019年に外国人労働サポートセンターをPOSSEの中に立ち上げました。きっかけは、介護施設で働くフィリピン人留学生からの相談でした。

過労死問題にも力を入れて取り組んでいます。ボランティアで参加しているメンバーにお父さんが過労死した遺児がいて、彼が会社を訴え、2017年から裁判を闘ってきました。労働問題が軸になっているものの、より周辺化された問題、貧困や外国人労働者、過労死の問題を、学生たちと一緒に取り組む、支援するというのをPOSSEでやっています。

労働組合ではブラック企業を中心に、20代30代の労働者と一緒に闘っています。ストライキもやっていく。そのように、若者の労働問題への取り組みから始まったPOSSEですが、現在ではより多様で普遍的な労働問題への取り組みへと発展してきています。

リーマンショック以降の10年間は次の担い手がなかなか出てきませんでしたが、コロナでいま、新しい人が増えてきています。彼女たちは運動をめちゃくちゃ楽しそうに、元気にやっています。

僕の世代と感覚が違うと思うのは、この社会での「未来」がぜんぜん魅力的ではなく、閉塞感が非常に強いということだと思います。会社に入ってうまくやっていける、というイメージがほんとうにない。だから、社会を変えるために運動するほうが楽しいという感覚がけっこうあるみたいです。

この中の何人かはこれから大学院にいって、もっと勉強しようかという人たちも出ていますし、新しく運動を担っていこうと考えている人もいます。新しい世代には、ＰＯＳＳＥがこれまで培ってきた理論や実践の経験を土台にして、どんどん新しいことをやってほしい。リーマンショックからだいぶ開きましたけど、コロナ世代が次の運動の担い手になってくれる、という感じがしています。

谷口歩実

「生理の貧困」を発信したZ世代の活動家

ブラックバイト被害当事者として学んだ手法で問題告発

2021年春、日本社会で突然、メディアがさかんに報道するようになった「生理の貧困」。テレビでも新聞でもこの問題について調査し発信する団体「#みんなの生理」の共同代表である谷口歩実のコメントを中心に報道していた。谷口歩実、1998年生まれ。国際基督教大学で教育学とジェンダー・セクシャリティー研究を専攻して2020年に卒業した。

在学中の2019年12月、生理用品を軽減税率の対象にするよう求めるデジタル署名「生理用品を軽減税率の対象にしてください！」を立ち上げた。生理の貧困は経済的な困窮だけでなく「女性らしさ」とも結びつく二重のタブーで話しにくいテーマだと賛同する仲間が加わり、「#みんなの生理」が誕生した。生理の貧困は、ジェンダーの不平等や差別、スティグマにもつながっているという問題意識を共有し、Z世代らしく、デジタルツールを使いこなして発信する。デジタル署名、オンラインカフェを経て、ゲリラで大学に生理用品を置く活動を展開して活動を広げた。他方で「生理の貧困」が若い女性、特に学生に限定される問題だと受けとめられたことやコロナ禍の問題として取り上げられたことに強い違和感を持つ。

大学1年生のときにバイト代が払われず、ブラックバイトユイオンに参加して団体交渉を経験する。普通に合わせるだけじゃなく、普通じゃない人間同士が声を上げ、力を合わせて行動することで、社会が変わるという成功体験を味わった。「生理」を切り口にして、企業中心の社会、資本主義社会を解体したいと意気込みを見せる。

「生理の貧困」というパワーワードが正解だったのか、いまでも悩む

――谷口さんは、大学の卒業論文のテーマで「生理の貧困」を選んだと聞きました。

谷口　生理についていまの大学生がどう考えているのかという卒論でした。その中で、生理ってお金がかかるよね～みたいな話が出てきて、生理用品の問題が出てきて、そのことを書きました。

――それから署名を集めたり、すぐに行動に移すという行動力がすごいですね。

谷口　署名は経済的な負担を取りあげました。私たちは、生理の経済的負担よりは、生理が女性らしさと結びつけられ、出産とイコールにされる、そういうのイヤだよね、という問題意識から始めました。紆余曲折を経て2020年2月に「#みんなの生理」を立ち上げました。

――（生理の）「貧困」という言葉を使ったのは、どういう経緯だったんですか？

谷口　もともと、Period Poverty という言葉が海外で使われていて、借用しました。日本でも「生理の貧困」が既に言われていて、そのまま発信しました。

――「生理の貧困」という言葉もすでに使われていたんですか？

谷口　はい。ですが、貧困という言葉を使って良かったのか、未だに悩みながらいます。カギ括弧付きで使う。良かった面としては、パワーワードで、想像しやすくて伝わりやすく、メディアも一言でわかるという点で迫力がありました。生理というテーマがこれまで社会で議論されなかったのを、その言葉で初めて政治の場にあげられたとは思っています。

一方で、狭義の貧困、つまり経済的に困って生理用品が買えない、そういう狭いストーリーに収まってしまった。私たちが当初問題提起していた教育のあり方や公共インフラの問題など、広い意味での生理の貧困といったものが、メディアを通して、お金がなくてトイレットペーパーでしのいでいますというストーリーに限定されてしまったのはとても残念でした。

――『POSSE』[*1]の谷口さんのインタビューを読むと、ブラックバイトの経験から発信をする戦略を学んだと書かれていますが、その経緯が生きたのですね。

谷口　その経験はすごく大きかった。声をあげるのは抵抗がありましたが、POSSEのおかげで、声をあげていいんだと。やり方のイメージができていたのも、すごく心強かった。

――当事者として記者会見の場に出たり、団体交渉に出るのは、勇気がいることでは？

谷口　生理の貧困では、実は私は当事者の立場で発信していません。当事者を前面に出さず、概念として議論しました。「この人が当事者です」と、その人に負担をかけないようにしたい気持ちが強かったんです。

――2021年の春にNHKが始めたあたりから、「生理の貧困」の放送時間がすごく増えました。他には「貧困」はないぐらいそれ一色です。

●根本的な解決にならない方向で取りあげられた「もどかしさ」

――メディアは新しいものに飛びつく傾向があります。一方で、大きな構造的なことには注目せず、生理用品を置くか置かないか、という「目に見える対応」ばかり注目しがちです。

谷口　私は生理用品などの必需品への課税や教育など大きな文脈で話したのですが、自治体が防災備蓄の生理用品を放出すればOKという短絡的な報道の流れに愕然としました。

自治体が生理用品をトイレに置くという直接的な取り組みももちろん必要ですが、同時に、そもそもの男女の賃金格差と、意思決定に女性の意見が少ないという課題など、同時に進まないと根本的な解決にはならないと、私はメディアに話したつもりです。なのに直接的な方向ばかりが革新的という感じで取りあげられてしまう。すごくもどかしさを感じます。

――**谷口さんたちは主にNHKと毎日新聞を信用できる媒体として活用した印象があります。**

谷口　こちらからアプローチしたのではなく、NHKも毎日新聞も取材に来て、連載にしたり、

＊1　『POSSE』vol.48／2021・8　谷口歩実ほかインタビュー「生理×社会問題」で資本主義と闘う――〝普通〟じゃない仲間と創る〝普通〟じゃない社会。

ドキュメンタリーをつくったりしてくれました。

――上手く協力し合った報道でした。テレビも新聞も既存メディアです。谷口さんはSNSも駆使して発信しています。既存メディアとSNSで可能性と限界をどうご覧になりますか?

谷口　既存メディアの影響力はまだまだ侮れないというのが正直な感想です。政治家には以前からアプローチしたのですが、「なんで生理の問題なの」とか、「生理用品が買えないで困るなら電気も水道もなんでもそうじゃない」みたいな無理解な反応でした。生理に注目する意味をわかってもらえなかった。それが既存メディアの報道をみて、政治家が当然のように知っている前提で物事が一気に進んだ。すごくありがたかった。

一方で、やっぱりマスメディアはマスに伝わらなければいけないので、わかりやすくて簡潔で、深みがありません。表層的な部分を伝えるに止まってしまうと感じました。生理用品配ってる団体だよねと誤解されて、人がやって来たり…(笑)。

――もう少し社会を先に進めたかった?

谷口　そうですね。これまでの貧困支援の中に生理の視点がありましたか? とか、学校の制度設計の中に生理の視点がありましたか? というような問題提起をしたかった。それが生理単体で浮いてしまって、本当はもっと大きな文脈の中にはめ込みたかったという気持ちがあります。

――参院選の候補者アンケートに生理用品を質問項目にあげたメディアもありましたね。

谷口　そういったことが選挙の項目になることは想像していなかったのですごく大きな進歩です。でも私は出発点として、生理用品への軽減税率適用を掲げたので、税制改革に踏み込みたい気持ちが強くあります。もっと普遍的な制度改正が必要です。いまの支援は、困った人を探し出してその人に特別に生理用品をあげる、というかたちになっています。では「困っている人」はだれがどのように選別するのでしょうか。その選別はどこまで意味があるのでしょうか。

――軽減税率にこだわるのは、どうしてでしょうか?

谷口　私が活動を始めたのが消費増税でちょうど軽減税率が導入されるタイミングでした。本来は国の政策で、生理用品についての負担を減らしていきたい。でもいま、「生理の貧困」が話題になって、貧困ビジネスじゃないですけど、企業がどんどん参入しています。機械の前にアプリをかざすとしばらくの間は広告を見せられた後に生理用品が無料でもらえるサービスもあります。広告収入で成り立つ仕組みが増えている。やはり行政、国が取り組む意義はとてもあると個人的に感じています。「生理を社会全体で支える」というメッセージを発するためにもしっかりと国が取り組む必要があると考え、税金にこだわっています。報道をきっかけにこれだけ民間企業が参入するとは思っていなくて、驚きながら、どうしようって思っているところです。

＊2　フェムテックとは、Female（女性）と Technology（テクノロジー）を組み合わせた造語。女性が抱える健康の課題を技術の力で解決する製品やサービスなどを指す。生理で使用する代表的な商品として月経カップ、吸水ショーツなど。

●フェムテックが「生理の貧困」の解決策というわけではない

——『POSSE』の対談の中でもフェムテックも企業の論理に取りこまれてしまうと警鐘を鳴らしていましたが、危機意識があるのですか？[*2]

谷口　フェムテックも進化してほしいし、あったほうがいいものだと思うけれども、それが生理の貧困の解決策だとフレーミングされるのには違和感があります。結局、社会を大きく変えるラディカルなものを持っていません。フェムテックは男性中心の社会で生きていくために必要なもの。男性中心の働き方の中で必要なもの。そんな認識です。そこに解決策を求めるというよりは、社会の構造を変えていきたいというのが、私の考えです。

——取材チームの中に男性が入ったり、「クローズアップ現代」でも男性アナウンサーが所感を述べたり。生理を知っている、女性じゃない男性がいることは大事と思われますか？

谷口　そうですね。「#みんなの生理」と名づけた理由でもありますが、生理がある人たちだけに問題の解決を求めてはその人たちの負担が大きいし、そもそも解決できない。生理のあるなしにかかわらず、「みんな」が関わらなければいけない。そう思っています。

——「#みんなの生理」という団体は、メンバーは何人いらっしゃるんですか？

谷口　いまは8人で活動しています。

——男性もいらっしゃるんですか？

谷口　はい、います。ネットで見つけて、「入りたいです」って言って来てくれて。

――学生にクロ現を見せて感想文を書かせたら、ナプキンが買えないなんて自分にはまったく理解できないという女子が相当数いた一方で、男子で当人の気持ちがわかるという人がいました。

谷口　メディアの話に戻りますが、よく男性にわかるように説明してくださいとか、男性からどういう反応がありましたかという質問をもらいます。しかし、男女でわける意味がどこにあるのか。一番厳しい声が生理を経験した女性から来たり、やさしいコメントが男性から来たり、男性だからわからない、女性だからわかるという問題ではないと感じます。

――谷口さんご自身は、自分のことを活動家と位置づけていると思いますが、日本における活動家のイメージはどのように感じていますか？

谷口　抵抗はありません。ＰＯＳＳＥに学生時代から関わっていますし、大学の先輩たちがＶｏｉｃｅ Ｕｐ Ｊａｐａｎという団体をつくったり、性と生理に関わる権利の運動で「＃なんでないの」という活動を立ち上げた先輩がいたり。自分は活動家に恵まれた環境で、ネガティブなイメージはありません。

――谷口さんにとって「年越し派遣村」はまだ幼い頃でしたか？

谷口　小学生の頃でした。なんとなくは覚えています。テレビで見ていて、社会が暗くなるな～っていう気持ちは覚えていますが、具体的なきっかけとか、当時は理解していませんでした。

――そのときになんとなく耳にしたかもしれない貧困と、コロナにおける貧困、あるいはご自身が関わっている生理の貧困というのはどんなイメージで結びついていますか？

谷口　リーマンショックのときは、男性が炊き出しに並んでいる映像がすごく印象に残っています。当時はそのイメージしかない状態です。いま、コロナを経て自分が女性運動に関わっていることもあると思いますが、比較的女性の問題がクローズアップされている気はしています。

●コロナ禍で女性が急に「生理の貧困」に陥ったわけではない

――リーマン期の失業は派遣労働者でしたが、コロナ期はフリーランスや派遣を含めた非正規全般です。女性は圧倒的に非正規労働者が多い。そのなかで生理の貧困が可視化された意味はあるのでは？

谷口　ＮＨＫもコロナ禍における女性の貧困を先に放送したうえでの生理の貧困でした。私たちはコロナにかぶせるつもりはなく、ただ生理のことに取り組んでいましたが、良くも悪くもコロナだから取りあげられたっていう面は大きい気がしています。

――メディアの立場からはいきなり「生理の貧困」を社会に問題提起するのはむずかしかったと思います。コロナ不況が非正規の女性を直撃する貧困、それが先に深刻な問題になっていた。さらにジェンダー問題としてこれまで可視化されてない「生理の貧困」が深刻になっていると、コロナ不況に合わせて報道しました。

ところで、「生理の貧困」の対策が進むイギリスと日本の違いはどこにあるのでしょう？

谷口　イギリスやスコットランドは、国が主導権をにぎって税金を下げるなり、公共施設に生理用品を置くなりしています。

それに対して日本は、国は責任をとらないけど、ＮＰＯ単位でできることをお願いしますとなっていて。ＮＰＯではないですけど、各自治体の男女共同参画センターの方にお話しすると、どうしていいのかわからない、法律ではないので、できればやる、できなければやらなくてもいいという、微妙な姿勢です。各自治体、ＮＰＯ、男女共同参画センターに任せられているがゆえに進まないと感じます。

――どうすればいいですか？　強い権限を持たせればいいですか？

谷口　最初の話に戻ってしまいますが、税率に関しては法律の問題でもあると思うので、そこは国レベルで変えてほしい。自治体レベルでは、生理用品への予算が付くことが重要だと感じています。学校でも、自治体に要望しに行くとお金がかかると言われて、善意の寄付で成り立っているところも所々あります。きちんと予算を付けてほしいなと思います。

――参院選の結果にもがっかりしたという話がありましたが、どこに失望されたのですか？

谷口　やっぱり、自己責任論を掲げる与党が圧勝したことです。この生理の問題も、その先にある女性の貧困の問題、賃金格差、もっと先にある夫婦別姓とか同性婚とかまで含めて私はジェンダーの問題としてつなげて見ているんです。けどまあ、実現しないかなと思ってしまいましたね。

●変化が怖い若者たちの気持ちもわかるが、社会全体を変えていきたい

――そういう意味では谷口さんがインタビューで登場する『ＰＯＳＳＥ』の特集号で、欧米ではその一部の資本家層に富が集中している実態に若者たちが怒っている状況があるのに、日本では

うした運動が育たず、若者たちが保守化するとの指摘があります。なぜなのでしょう？　実態をわかっていないのか、きっかけがあれば変われるのか。

谷口　どうすればいいんですかね。保守化する気持ちも若者としてわからなくもないです。すごい不安定な時代で未来に希望が持てない世代だとは思いますけど、その中で変化を求めるほうが怖い気持ちには共感できる気がします。いまのままなにかが変わらないっていう保証があったら、それにすがりたいっていう気持ちはわからなくはないなと思います。

――わからなくはないけど、谷口さんはむしろ発信するという道を選んだわけですよね。

谷口　フェミニズムに出合って、いまとは異なるより良い未来を想像することができました。社会運動を通じて少しでも実現に近づくと信じて発信しています。自民党支持はできないのかなとは思っています。自分はフェミニズムに出合えたから、自民党の怖さに気付いたのかなと思います。

――フェミニズムとの出合いというのはいつ頃のことをおっしゃっているんですか？

谷口　大学の頃に初めて出合いましたね。最初は迎合的なフェミニズムというか、企業の中でいかに女性が頑張るか、みたいな思考に陥りがちでしたが、フェミニズムや労働運動、それこそＰＯＳＳＥとかと関わって、迎合的なフェミニズムを目指していちゃいけないなって思えたのは、自分の中ですごい大きな発見でした。

――いま、いつまでも生理ばっかりやってられないということで、メディアは更年期の問題とかを取りあげています。谷口さんも更年期問題にも関わっていらっしゃるのでしょうか？

谷口　そうです。もともとPOSSEが相談を受けて、一緒にやらないかと声をかけていただいて、一緒にやっているっていう形です。

――更年期で元気に働けないとか、ジェンダーが関わる労働問題はいろいろあるんでしょうね。谷口さんご自身が考えている「貧困」ってなんでしょうか？

谷口　生理の貧困の報道の一連を経て感じたことは、必ずしも経済的な面だけではなくて、自分の可能性とかを狭めてしまったり、障壁になってしまう様々な制度とか、ソフト面ハード面での欠落や欠如のことを貧困っていうふうに考えているかとも思います。それは個人が頑張ってなにかするっていうものではなくて、やっぱり社会全体の問題で、社会を仕組みとして解決していかなければいけないっていうのは、あらためて思っています。

「生理の貧困」いままで見えなかった古くからの問題

「女性だけの問題にはしたくない」の思いで番組づくり

福田和代

市野　凛

「生理の貧困」という言葉は2021年3月以降、NHKがニュースや報道番組で報道したのを皮切りとして各メディアが報道するようになった。その報道を仕掛けた中心にいたのが当時、報道局のプロデューサーをしていた福田和代とディレクターの市野凜だ。2人は記者や、ディレクター、アナウンサーなど女性を中心に男性も交えたプロジェクトチームを組んで、「おはよう日本」「ニュース7」などのニュース番組や「クローズアップ現代＋（以下、クロ現）」などの報道番組、ウェブ記事などでキャンペーン報道を展開した。コロナ禍で追いつめられる女性を取材するなかで「生理の貧困」という問題が日

本でも広がっていることを発見した。

「声なき声」を伝えようと模索したが、当初は行政や支援現場なども実態を把握していなかった。そうしたなか、生理にまつわる問題をインターネットで発信していた若者グループ「#みんなの生理」と連携してキャンペーン報道する戦略を打ち立てて、3月4日に同団体がまとめたアンケート調査から、経済的な理由などで「5人に1人の学生が生理用品を買うのに苦労している」という現状をニュースで報道する。その後、当事者のリアルな声や生理用品をめぐる欧米諸国の先行事例などを伝えた。

報道直後から国会でも「生理の貧困」についての質疑が相次ぎ、新聞社や民放でもこの問題のニュースが報道されて、「骨太の方針」「女性活躍・男女共同参画の重点方針2021」にも対策が明記されることになった。

「生理の貧困」取材チームは、「貧困ジャーナリズム大賞2021」に選ばれたほか、局内でも会長賞などを授与されている。

●コロナ禍での女性の苦況を取材して気がついた「生理」の問題

――「生理の貧困」は従来の貧困報道と比べても異色でした。どういうきっかけだったのですか?

福田　非正規で働く女性たちが〝女性不況〟ともいえる大きな苦況に陥っていることを、2020年12月のNHKスペシャル「コロナ危機　女性にいま何が」で放送しました。取材を進めるなかで市野凜さんから、「支援現場では生理用品がすぐなくなってしまうそうなんです」という報告を受け、何か起きていると感じました。海外では「生理の貧困」＝Period Povertyが注目を集めていたので、日本でも同じことが起きているのではないかと。

市野　イギリスでは貧困というよりジェンダーの問題として、２０１９年に社会問題化していました。子どもの貧困率から類推すると日本でも同じ問題がコロナ禍で表面化しているのでは？と考え、いろんな団体に聞き取りを始めました。「＃みんなの生理」と話したのは２０２０年10月頃でした。

――「＃みんなの生理」の共同代表の谷口歩実さんはＮＨＫが一番信頼できたと話しています。

市野　取材を始めた当初、日本の行政や支援現場では「生理の貧困」はまったく注目されておらず、実態をつかんでいる人はいませんでした。そんなとき、谷口さんたちと出会いました。彼女たちはちょうど生理に関する自由記述のネットアンケートを取り始めていて、生理用品に困っているという具体的な声が集まっていることを知りました。他のメディアが彼女たちにまだ注目する前でした。

Ｎスペ（＝ＮＨＫスペシャル）「コロナ危機　女性にいま何が」に取り組んだときから、ＳＮＳには女性たちの「声」がすごくあがってきていました。ネットは匿名なのでプライベートな部分、タブー視されている部分についても声があがりやすいですが、それだけでは規模感やどのくらい実態に即しているかはわかりません。どう実態をつかみ報道につなげるか、谷口さんたちと議論しながら取材を進めました。彼女たちはより具体的な数字を出せるようなネット調査をやりたいと言っていたので、設問の表現などの相談にのることもありました。

一方、谷口さんたちの調査と並行して、私たちはプラン・インターナショナル（以下、プラン）という国際NGOに、「生理の貧困」に関する報道をやりたいと思っているけど、調査の予定はないのかと声をかけました。イギリスでPeriod Povertyの大規模な調査をしたのがプランのイギリス組織だったからです。同団体は独自に調査会社を使って、広い範囲で、専門的なネット調査を行ないました。この調査には、谷口さんたちの調査から得られた知見も生かされています。

谷口さんたちの最初の調査では、「コロナとの関連」を意識し、経済的な面を重視した設問となりましたが、「生理の貧困」は経済的な問題だけでなく、生理に関するタブー意識や知識の問題もあると谷口さんたち自身も指摘していたことや、私たちの取材でも子どもの衛生状態に関心を払わないネグレクトの問題などが関係していることがわかってきたので、プランの調査は「生理の貧困」を多角的にとらえる内容となっています。

このように課題の認識をアップデートしながら、「生理の貧困」は経済面だけでなく、根底にジェンダーの問題があるという意識を谷口さんたちと共有し、単純化して報じないよう心がけていたので、彼女たちからすると一緒に進めていったという感じがあるのだろうと思います。

●女性だけでなく男性スタッフの関与で「説得力」がある報道に

――取材チームは何人ぐらいの態勢だったんですか？

市野　国内の取材がディレクターの私と、ネットワーク報道部と社会部の記者1人ずつ。そして、海外パートは、国際番組のディレクターが1人と国際部の記者が2人入って、現場は6人でした。

福田　プロデューサーは5人。

――その際に、男性のスタッフはどの程度関与したのでしょうか？

福田　一番感謝しているのは、クロ現で放送できたことです。編責（編集責任者）は男性でした。「生理の貧困」という私たちの企画を、早い段階で採用してくれました。

市野　コロナ禍で「女性不況」の問題が出始めたときにも、すぐクロ現で企画を採用して、取材走っていいよという状況をつくってくれました。

その編責が、「イギリスの話もあるなら、国際部も巻き込もう」となり、国際番組でジェンダーに関心がある男性ディレクターが手をあげました。こういう話を女性だけの問題にせず、男性がチームに入ることが大事だと入ってくれました。

――私のゼミの学生は女子が圧倒的に多いのですが、クロ現を見せたとき、男性キャスターの「男性も知るべき問題だ」という発言に、すごく反応していました。あれは出色でしたね。

市野　早い段階で、男性キャスターとも問題意識をすりあわせて、彼自身も勉強して、考えてくれました。結果的に、男性キャスターのスタジオでのコメント、インタビュー記事、本人の一人称記事、それぞれものすごくいい反響がありました。よかったです。

――生理の貧困のクロ現で、男たちがトイレでしゃがんで会話する映像を思い出しました。

市野　米国のＮＰＯが制作したビデオですね。

――特に男性は、生理の問題は身近じゃないので、若い女性がトイレットペーパー丸めてつくってるみたいなシーンとか、生々しすぎて、正直、抵抗がありました。男性はどうしても感性よりも、理屈で理解する面があるので、トイレの紙にたとえたあのビデオで合点がいきました。

市野　そうですか。「クロ現」もタイトルを「生理の貧困」だけじゃなくて、後半に「社会を動かす女性たち」というサブタイトルを入れたのですが、それは男性の編責からの提案でした。「男性の視点」が入ることで生理に馴染みのない男性にも伝わる内容になったのではと思います。

――局内の評価は、どんな感じでしたか?

福田　取材を始めた当初、男性だけでなく女性からも、「いまの日本で生理用品が買えない人なんて本当にいるの?」と疑問視されました。「おはよう日本」とかネット記事とかいろんなものを出して少しずつ空気が変わっていきました。４月にクロ現を出したときは、多くの人から「いい番組だった」と言ってもらえ、「生理の貧困」を取材したいという声が地域局からも上がりました。会長賞を含め、いろいろな表彰も受けました。うれしかったのは、「生理の貧困」のようなジェンダーに絡んだ問題が、ちゃんと評価される対象になったと、組織全体の変化を感じたことです。

●「ジャーナリズム」と「アクティビズム」の共同歩調で社会を動かす

――民放だと視聴率が高いと表彰されますが、数字の裏付けもあったのですか?

市野　3月にアンケート結果を「おはよう日本」で放送しつつ、ウェブニュースでも出したのですが、当事者の一人称のウェブニュースがすごく読まれました。また、報道の後、国会で質問が相次ぎ、自治体も対策に動き出すところが出るなど、社会の動きが目に見えて増えて、報道の成果として評価されたのだと思います。

――国会が動いたときは議員にも取材に行ったのですか？

市野　報道を出す前から、「#みんなの生理」の谷口さんたちが与野党の国会議員に説明に行っていましたし、私たちも問題意識や今後の見通しなどを取材していました。

福田　「おはよう日本」で最初に「生理の貧困」が放送された3月4日は、国会でも質問がありました。結果的に、その日がひとつのヤマ場になって、他社も次々に後追い取材をしてくれて、一気にブレイクしました。

市野　あのとき谷口さんたちにメディアから問い合わせが殺到して、パンクしかねない状況でした。それでプレスリリースや記者会見を助言し、厚労省の記者クラブで記者会見して、各社が一斉に書くという流れとなりました。

――谷口さんたちの記者会見も市野さんたちがアドバイスしていたのですね。

福田　谷口さんたちが、NHKを信頼できたと感じてくれているのは、事前にいろいろ打ち合わせをして、世の中に一緒に訴えていこうと、タッグを組んだからだと思います。私たちマスコミはウォッチドッグとして権力を監視する役割もありますが、一方でまだ知られていない問題を顕在化させるためには、政治の役割は極めて重要です。谷口さんたち若いアクティビストや私たちマスコミのメッセージが政治の場で受け止められたことで、「生理の貧困」が社会問題として認識されるようになったのだと思います。

――ジャーナリズムとアクティビズムとは互いにデリケートでむずかしい関係ですが、かつての派遣村の頃も、私も含めて多かれ少なかれ踏み越えて、社会を動かした記憶があります。

市野　「#みんなの生理」も、ロビイングをやろうとしても、20代前半の若者数人では相手にされないときもあったそうです。アジェンダセッティング（議題設定）、フレームをつくることはアクティビストだけではできない。逆にジャーナリズムは、アクティビストのような核となるエネルギーがないと進まない。絶妙なバランスと距離感が必要ですよね。

福田　水島さんたちの活躍など、ジャーナリストとアクティビストとの微妙なバランスをとりながらやっていた姿はすごくよく覚えていて、そこが原点というか、こういう問題を扱うには大事だと思っています。いまの時代は、ただ単に何かを批判するとか、言いっぱなしではなくて、解決まで見据えないと、多くの人たちは共感してくれない。問題提起するだけでなく、どうするかまで見せていかなきゃいけない。

市野　メディアの役割である権力監視について、私は、「生理の貧困」に関しては一番の権力は政治家や特定の力を持っている人ではなく、「この問題を見過ごしてきたこと」、それ自体が権力だと思います。そこに抗う、というつもりで取材を進めました。単純に生理用品の無償化とか非課税化とか、一つの主張を応援するというより、これまで論点化されてこなかった、抑圧を受けてきた問題の蓋を外すという意味合いでやっていきたいと思いました。

●貧困バッシングへの報道する際の対策

――2016年の貧困女子高生の報道も、意味があるニュースだったのに、SNSなどで揚げ足を取られて当事者を傷つける形になりました。そうした貧困バッシングの心配もあったのでは？

市野　当事者が困っている状況を報道することに意味があると思っていましたが、「他にお金使ってるんじゃないか」とか、「月数百円から数千円ぐらいの生理用品を買えないなんておかしい」とか、いわゆる貧困バッシングは当初からありました。コロナの影響が深刻化するなかで、自分自身のために使えるお金がどこまであるのか。人から見えないところをなるべく切り詰めるというのは、人間の社会的な行動としてすごく合理的で起こりうることだと伝えていく。学びながら報道していきました。

谷口さんたちとも話すんですが、「最初に会見したときに、報道各社に対して、そういう目線を持ったうえで報道してくれともっと念押しすべきだった」と言っていました。各社が好きなように数字を使い、経済的に困窮して、こんなところまで貧困になったことばかり取りあげるメディアもあり、全体のイメージが引きずられる面がありました。そこはむずかしかったと感じています。

――他社の報道となると、こちらでコントロール不能ですものね。

市野　唯一コントロールできるのは、「#みんなの生理」が、この数字を使うなら、こう配慮をしてくれと注文をつけることでした。それをやっても、実際にはコントロール不能ですけどね。

――おっしゃる意味、わかります。私も「ネットカフェ難民」をやったときに、後追いの他社が売春するネットカフェ難民女性とかを放送して、「あちゃー」と制御不能になりました。特に当事者が女性だと、下世話な性的な興味の目線があるので、よりむずかしいですよね。

福田　「生理の貧困」という言葉自体についても何度も議論しました。Period Poverty を直訳すればそのとおりでも、「貧困」という言葉が含有する意味を、すべての人がイメージできるわけではありません。報道側の意図から外れて、遊びたいとか、お化粧道具買いたいとか、他にお金を使いたいから、最後にケチって、生理用品が買えないんじゃないかとか、そういう曲解をする人も少なくありませんでした。

「生理の貧困」という言葉が適切だったのかは、ずっと悩み続けているところです。ただ、これに代わる言葉で報道したときに、関心をここまで持ってもらえたか、疑わしいとも思います。ただ、生理用品が使えないと女性が一体どんな制約を受けるのか、自治体などでは、「単なる貧困問題じゃない。女性の尊厳の問題だ」とすぐに置き換えが始まったので、社会の貧困に対するリテラシーは全体的に上がってきているようにも思います。

市野　オンラインメディアの中には、しっかり論理立てをして議論するという反応もありました。私たちの番組を含めて、なんでスマホは買えるのに生理用品を買えないのかとか、議論のきっかけになり、貧困の理解を深めるきっかけになった面はあると思います。大事なのは、様々な無理解の声にどこまで反論・議論ができるか。「生理の貧困」は劇薬のワードだけれども、いいワードだったと思います。

●非正規の女性の貧困は霞んでしまった？

――放送時間のデータでは、2021年、「生理の貧困」だけがすごく増えました、SNSで話題になった一方、従来からある貧困が霞んでしまった。女性の非正規労働者の貧困もあまり話題になっていない。メディアは新しい言葉があるとすぐに飛びつきます。どうすればいいでしょう？

福田　本当にむずかしいですね。私たち2020年6月に、クロ現「〝新たな日常〟取り残される女性たち」で、コロナの第一波が落ち着いて〝新たな日常〟が始まったけど、そこに入っていけない人たちもたくさんいると報道しました。その状況は、実はいまもまったく変わってなくて、むしろ悪化してるように思います。

私たちは毎回、企画書を書いて番組をつくるのですが、同じ企画だと、これ前にもやったよね？という反応になってしまいます。解決されてないので繰り返し繰り返し報道する必要があるのですが、社会に関心を持ち続けてもらえるよう、切り口については知恵を絞って考えなきゃいけない。どうすれば大事な問題を伝え続けていけるのか、その答えはまだ見つかっていません。

市野　私は「生理の貧困」の後は「更年期」を取材しています。意識するのは、困っている当事者だけの問題にせず、背景にある構造を伝えることです。特に働く女性の6割を占める非正規の問題は、あなただけの問題ではなくて構造の問題だと伝えていくことを目指しています。

結果的には、それによって被害を被る人たちの状況の改善につながればと思っています。福田さんのおっしゃるように、問題のどこに光を当てるかを変えながら、やっていかなくてはいけなくて、「生理の貧困」のときは、ジェンダー×貧困問題でやりましたが、貧困という言葉を外しても、貧困を生み出す構造を追及することはやっていきたい。

――「生理の貧困」の後で取り組んでいた「更年期」の反応はどうですか？

市野　「更年期」は、「生理の貧困」と比べると、爆発的な反応という感じではないんですけど、当事者の方にはすごく届いています。「生理の貧困」で取材したのは若い世代、20代、30代でしたが、彼女らに比べて更年期で取材した50歳前後の人たちは、社会への期待が全然違いました。自分が声をあげることで社会が変わるんだっていう期待感が、若い世代よりも弱い面があって、社会的な広がりを生むためには、まずは当事者の人たちに、それはあなたが我慢すべき問題ではなくて、声をあげていい問題なのだ、と気づいてもらう。そう言いやすい報道をしていかなきゃいけないと思っています。

――「あさイチ」で放送していた、更年期に非正規で働く女性の苦悩は身につまされました。

市野　「更年期」の報道はどちらかというと労働問題から入っています。この世代の人たちは、一番不安定な立場にいるし、貯金も年金もすごく男女格差があるなかで、更年期で仕事を辞めて、そのまま老年期に入り、女性の貧困問題に直結する。立場によって辞めやすいし、保証がない状況に陥りやすい。そもそも更年期に対する理解が社会になさすぎることに気づきました。更年期自体をちゃんと伝える取材をしながら、労働面の報道をしている感じです。

●貧困報道のDNAを受け継いで「社会の構図」を伝える

——お二人には貧困報道の流れを受け継いでいくような意識があるのですか？

福田　これまでの様々な貧困報道を見たり読んだりして学びました。NHKでは「ワーキングプア」などの番組、民放だと水島さんたちの報道とか。市野さんも言うように、優れた貧困報道は、社会の構図を浮き彫りにしています。いまあなたが苦しんでいるのは怠けているとか個人的な問題ではなくて、社会全体の構図の問題なんだと。フェミニズムの運動で言われる、「個人的なことは政治的なこと」というのが、貧困問題でも同じだと考えて、構造を伝えたいと意識しています。

——「生理の貧困」は、ウェブでも発信されましたが、ウェブは誹謗中傷などのマイナス面も指摘されています。実際にネットで報道をやった感想を教えてください。

市野　怖いイメージがありましたけど、「生理の貧困」については、私たちも、どういうタイミングでウェブ記事を打つかなど、ウェブ展開も戦略的に考えました。これまでのテレビの放送だけなら、「生理の貧困」はここまで広がらなかったかもしれません。しかし、ウェブで出してみたところすごく反響があって、実は関心が高い問題なんだと可視化され、放送の効果を高めました。「生理の貧困」もそうだし、「更年期」もそうです。

これまで声をあげられなかった人たちの声を可視化するという意味では、ウェブはすごく有効なツールだと思います。一方で、思ってもみない方向で炎上したりすることはもちろんありうるので、怖い面はまだまだあります。ただ、問題を広く伝えていくためにも今後もウェブ発信を活用していければと考えています。

大西　連

〝古いタイプ〟の困窮者支援を若者世代につないで

毎週、新宿で食料支援と相談会。その数増加中で５８０人

「食料支援はまもなく始まります。食事券と袋に入った水や食料をお一人ずつお渡しします！」

東京・新宿の都庁下で土曜日午後、実施されている食料支援＋相談会の「新宿ごはんプラス」。パルシステムなどと共同で実施される支援活動でトラメガのハンドマイクを握って叫ぶのは認定NPO法人・自立生活サポートセンター「もやい」の理事長・大西連だ。リーマン期に湯浅誠が事務局長を、稲葉剛が理事長を務めた団体をいま、35歳の彼が率いる。毎週実施する炊き出しの活動は現在、コロナ禍で水のペットボトル、アルファ米、乾パン、果物、トマト、パンなどを詰めた袋を手渡しするかたちだ。

２０２２年8月下旬。開始前に都庁前に並んだ人の列は、数百メートル先のJR新宿方面に向かう地下歩道の入り口にまで達していた。支援を求める生活困窮者の数は増えるばかり。従来からの野宿の人に加え、比較的若い層、女性や外国人の姿も目につく。この日、用意した袋は約580を手渡したところで底をついた。いつもなら1巡目を終えた人が2巡目に並ぶのに1巡目の途中で足りなくなる異変が起きた。

「おい、もうないのかよ？　これだけ待たせておいてなんだ！　ふざけるな」

高齢の男性が怒鳴り声をあげて最前列のボランティアに食ってかかる。一瞬、緊張した空気が流れたところで大西が「申し訳ありません」と笑顔で頭を下げて、納得しない人をなだめてその場を収めていく。

2009年初頭の「年越し派遣村」に支援を求めて全国から日比谷公園にやってきた人の数は6日間で約500人。この日は一日で580人をはるかに超える人たちが集まり、過去最多を更新している。

「来週はもっと食料を増やさないと…。この数、一体どうなるんでしょうか」

童顔で感情を表に出さない大西は、見学に訪れていた若者支援団体の代表の32歳の男性に活動内容を説明しながら苦笑していた。

「もやい」の活動はこの日だけではない。毎週火曜日と金曜日にも生活に困窮した人たちとの面談や電話の相談に応じ、住まいのない人たちに住宅を提供する連帯保証人になるなどの住宅支援事業やかつて野宿した人たちの居場所をつくるための交流事業など稲葉や湯浅が築いた活動を継続している。

2021年からは内閣官房孤独・孤立対策担当室政策参与を務め、政府の政策に助言する立場でもある。自民党の政権下で大西は日々、困窮者支援の現場で蓄積した経験を生かして活動している。

●バイト生活で炊き出しに参加。そこで稲葉剛と出会い、「もやい」へ

――大西さんが「もやい」や支援活動に関わるようになった経緯は？

大西　貧困の支援は2010年2月頃からです。テレビで「年越し派遣村」を見て、貧困が日本でも身近になったと感じ、社会科見学の気持ちで、新宿連絡会という新宿の野宿者支援の炊き出しに参加しました。新宿連絡会では、稲葉剛さんが中心メンバー。支援のイロハを教わり、彼が普段は「もやい」という団体で活動していると知りました。「もやい」での活動は、本格的には東日本大震災の後です。東北支援に行く人たちがいて、人手が足りず、手伝うようになりました。

――企業に就職するという選択は考えてなかった？

大西　僕、大学出てなくて、高卒なんですよ。中2ぐらいから学校行ってなくて、18から20歳頃まで引きこもっていました。家を出ようと思い、歌舞伎町でバーテンや居酒屋などのバイトで働きました。家庭は左翼でインテリの親でしたが、貧困も含めて専門的に勉強したことはありません。中高はエリート官僚になる人が多い東京の進学校で、僕のような生き方をしている人はあまりいないと思います。

新宿連絡会で相談活動をやっていたので、「もやい」でも相談の中心になりました。2011年、面談表の入力のバイトとして雇われ、翌年、正式に「もやい」の職員として働き始めました。その2年後の2014年に理事長になりました。

――土曜日の活動は、「食料支援」をしつつ「相談」し、場合によって「同行支援」するやり方ですね。こうしたスタイルはどのように生まれたのでしょうか？

大西　炊き出しという支援形態は1990年代。山谷ではその前もあったのですが、当時は当事者運動の要素が強く、「相談」とあまり連携していませんでした。2000年に東京都にホームレス自立支援センターができ、「もやい」はその後の住宅の連帯保証人でかかわるようになりました。北九州の「闇の北九州方式」などの反省で、生活保護を稼働年齢層も利用できるとか、少しずつ「適切な運用」になりました。路上での「相談」と、その先の場をつくって食料品を渡して「見守り」や「コミュニティづくり」など、食べ物を呼び水に相談につなげるかたちが路上での支援の文脈で確立されたタイミングがコロナ期かもしれません。

新宿連絡会での活動はほぼ炊き出しと夜回りで、相談も医療相談が中心でした。夜回りで300人くらい会うなかで、翌週、生活保護申請したいという人は1人か2人。稲葉さんや僕が対応しました。炊き出しに相談という要素も付き始めたけれども、連携は強くなかったです。

そこで「もやい」が始めたのが長期路上生活者の「事後支援」です。居場所をつくり、コミュニティ的な意味合いや食べ物といのちをつなぐ。そんな側面が強かったです。

「もやい」の相談にネットカフェ難民が次第に流入してきましたが、それまでの支援対象だった長期路上生活者とはカラーが違いました。活動がネットカフェ難民などへの相談に軸足が移っていきました。「もやい」の活動も火曜日は相談中心で、土曜日に元野宿者のおじさんたちがコーヒーを飲む「こもれびサロン」と「アパートに入った人たち向けの炊き出し」といえるコミュニティづくりが中心。両方をやるのですが、特にコロナの困窮者の多くは長期路上者ではありません。いま、新宿ごはんプラスに日に500人来るのは、従来とは全然違う状況だと感じています。

――リーマン期に湯浅さんが、教育からの排除、家庭からの排除などの言葉で貧困の「構図」を解説し、メディア側も理解しました。その後のコロナ期の貧困では、女性が増えたとか、現象は伝えられる一方で、「構図」が語られてない印象があります。より複雑になったのでしょうか？

大西　より複雑になり、細分化したと思います。女性の貧困も、夜の仕事をやる人かシングルマザーか、高齢の方か若者かとかに細分化しました。しかも当事者に実際に会うことができます。我々支援者もそうですし、取材する人もそう。当事者に会えます。複雑化したのに、対象も見つけやすくなりました。ＳＮＳの普及が大きく影響しています。支援者も、当事者も、メディアも、出会いやすいし、情報を得やすい、つながりやすい。構造的なじっくりした話よりも、よりわかりやすい話、ショッキングな話が求められ、語られがちになっています。

●「貧困を解決しなきゃいけない」と政府も考えている時代ゆえのわかりにくさ

――リーマン期は、生活保護の運用の際の水際作戦や労働者派遣法の規制緩和をめぐって、運動側と行政のせめぎ合いがありました。そんな「壁」や「敵」がいま見えないように思います。

大西　政府が課題に対して何もしてなかったら、なんとかしろと運動側は言えるし、政策実現のゴールも一致団結してやれます。でも、いまは対立構造的な論点が見えにくい。

私がいま政府の参与をやっているのも、湯浅さんが参与をやった頃と同じで、政治も対応しようとしています。政府も、問題の深刻さ、広がりを無視できない。論点の違いはありますが、「水際作戦はいけない」と大枠では厚労省でさえそう言っています。生活保護の基準を下げるのも、「本当は下げたくない」「でも財務省との折衝が…」と厚労省もオフレコの場で言います。だから、対立構造にならないほど問題が共有されて、右左にかかわりなく、上る道は違うけど、なんとかしたいという共通認識が社会全体にあります。政府も自助、共助、公助という言い方をしたり、NPOの力を借りるという言い方をするけど、その違いぐらいで他に対立点がありません。

——自助、共助、公助。こども食堂は共助で民間中心とか、活動が多様化するなかで「場」が大事とも言われます。「もやい」で目指すのはどういう位置づけの支援ですか?

大西　「もやい」の活動は、どっちも、です。公助的なものを求めつつ、それがすぐ達成されるわけではないので、共助的な取り組みで支える。「もやい」的な模範解答としては、公助を求めつつ足りないところは共助でやるということです。

——「もやい」の先輩の湯浅さんはいま「子ども食堂」の旗振り役として共助に軸足を移し、稲葉さんはいまも公助を求めて水際作戦や自治体レベルの格差と闘い続けていますね。

●湯浅さん的な役割と稲葉さん的な役割

大西　湯浅さんが湯浅さん的な動きをできたのは、稲葉さん的な役割があって、そこがあるからともいえます。「もやい」はホームレス支援のことでいうと、「のじれん」（渋谷・野宿者の生存と生活をかちとる自由連合）や山谷のグループとかと比べ、中道です。機動隊と闘うほどの激しい運動団体がいるから、政策が動く面もあります。彼らと行政が直接対話できない場合もあります。できるだけ当事者の利益になるように、10分の10はだめでも、7は引き出す役割をはたすこともあります。お互い、それぞれのスタンスを尊重して、長い目で見るといいバランスになることもあります。それにしても、いまはラディカルで強く拳を振り上げる系の団体がそんなにないのが、運動全体としてのむずかしさです。

一方で、行政と上手にコミュニケーションをとるだけだと、かえってむずかしい。「もやい」も、毎年の厚労省要望では真剣に交渉し、激しい部分がないと守れないものもあると感じます。

――そういう点で政府の参与就任を引き受けるときには悩みましたか？

大西　すごく悩みました。湯浅さんの場合は「もやい」を辞めて参与になりました。僕は、コロナ禍でしたので、辞めたくはありませんでした。現場もすごく大変で、そういう現場にいられることの意味や価値はすごくあると思いましたので。湯浅さんがうまくいった部分といかなかった部分があり、僕からの視点では、現場から離れたところは少し良くなかったと感じています。

だから、僕がやるなら、片足はちゃんと現場に置きたいと思いました。しかも、「もやい」の現場は全国でも屈指の規模です。現場にいつつ、参与をやる。政策実現を目指しているのに参与を断れば、もう政策提言をする資格はない。自民党政権で就任要請なんて以前ならあり得ません。「もやい」の仲間も応援すると言ってくれたので、しっかりやろう、そう思って引き受けました。

●運動がより福祉的、専門的になり、わかりにくくなった

――コロナになって支援の仕方が変わりましたか?

大西　支援も福祉的になって専門性が上がりました。また、運動の世界も元々が男性中心なので女性活動家からジェンダー的な異議申し立てがあって徐々にですが変化をしてきました。全体として、福祉支援的になりました。

現状、支援の質は上がりましたが、運動的ではなくなっていると思います。ソーシャルアクティビストからソーシャルワーカーになって、専門性が上がる。逆に誰でも参加できない。外からわかりにくい。全体を巻き込むよりは、小さな実践例を重ねる。社会のあり方を問うものでなくなる。生活保護も、制度の何条がこうなればいいとか、課長通知がよくないとかに関心が向く。やや小さめな話になる。実践寄りになると社会変革という大きな目線が見えにくくなってしまうと思っています。

――女性や若い世代の支援者は出てきているんでしょうか?

大西　運動の担い手としての支援団体は、すごく減りました。年越し派遣村をやった同じ世代がずっとやっています。違う世代はＰＯＳＳＥぐらい。現場で行政からの委託を受けたり、福祉施設などで働く人は10年前、20年前と比べたら、格段に増えています。若い人も多い。大学や大学院の福祉科系で学んだ人も目立つけど、運動とはつながっていません。運動家、活動家というよりは支援者、福祉専門職、という感じです。隔たりがあります。

――そういうなかで大西さんは何をめざしているんでしょう？

大西　正直、あんまり運動として大きな変革につながる動きを生み出せていません。住宅手当をつくろうとか、何か大きな運動をやれていません。生活保護のいろんな運動も要望書出したり、署名集めたり、記者会見やったり、10年前、20年前、30年前からあるノウハウをそのままやっています。湯浅さんも稲葉さんも我々も変わりません。新しい何かを生み出せていません。

それでも制度が変わっていくこともあるので悪いことばかりでないと思います。生活保護の扶養義務といわれても一般の人は何かわからない。必要な人が追い返される水際作戦がよくないのはわかりやすい。でも扶養義務の何がいけないのか、親族に連絡が行くと何がいけないのか。ツイッターの１４０字では説明できません。貧困はすでに専門的でわかりにくい段階に入っています。

●新聞もテレビも見ない時代の闘い方は？

――リーマン期は活動側も報道側も貧困への理解を広げたつもりでした。でも、２０１２年の生活保護バッシングで、社会全体には届かなかったと痛感しました。

大西　社会は簡単には変わりません。湯浅さんが「子ども食堂」を始めたのは自分の声が届く範囲を広げるためだと話しています。

貧困って、湯浅さんの功績もありますが、自民党すら貧困問題を無視しない時代です。この10年、20年で加速度的にそうなり、いまや保守系議員でも貧困は悪だというほど大きく変化しています。

この問題は自己責任じゃないと考える人を増やす。味方を、仲間を、増やす。言葉を大きく変えることはむずかしいし、すでにレッテル貼りされている。「あの人たちは左翼だけど、でも大事なことやってる」と。「考え方は違うけど、言ってることもわかる」と思われるほうがいいのではと思っています。理解してもらえなくても、言葉が通じなくても、信頼してもらえることが大事ではないか、と思いますね。そうすることで変わっていくことはある、と。

●急な生活困窮＋慢性的な低所得者が増えている

――コロナ感染が増えて生活困窮の実態は見えにくい。支援の現場からどう見ていますか？

大西　ここ数か月、我々の現場に新しい状況が起きています。これまでは失業や住居喪失など、誰が見てもわかる生活に困窮した人が来ていました。仕事がない、失業して収入がない、食べ物をもらいに来た、相談に来たと。最近は５００人程が毎週来ます。年越し派遣村は６日間で５００人でしたが、私のところは１日で５００人です。恐ろしいペースです。住まいがない人ばかりでありません。家があり、仕事している人も来ます。若い人、女性、お子さん連れも来ます。子連れは多いときで5組ぐらいです。

生活の不安を抱える層が来るようになりました。アメリカのフードバンクみたいな慢性的な低所得状態です。緊急な生活困窮に加えて、慢性的な低所得の人がコロナで不安を感じ、生活防衛のために、少しでもお金を浮かそうと来ます。多くが孤立し、つながりをつくれない。列に並ぶのは嫌だし、働いてるから、生活保護までいかない。これまでにない新しい段階です。まったく違う世界観です。

――緊急な困窮者だけでなく慢性的な低所得者となると、支援も恒久的なものになっていく？

大西　考えると怖いですが、そうなりつつあります。もともと緊急事態だから、みんなで支援しようと始まった緊急支援だったのに、困窮が日常的になっている人たちの大きな層が援助を求めています。ワーキングプア層です。先行きが見えず、不安が一気に高まった。メンタルヘルスや他者への暴力、心の拠り所を何かに求めるなど、生きづらさや社会不安とも接点がある気がしています。

住まいがあり働いている人が、我々がやっている土曜日の食料品配布に来ます。想像できなかったことです。また、子連れの母子を路上で支援するとは思ってもいませんでした。私も路上系の支援を12年程やっていますが、子どもがいるのは初めてです。女性がこれだけいるのも初めてです。年越し派遣村のときは5人と言われていますが、いまは500人中70人から90人が女性です。大学生のような若い女性もいます。コロナで食料支援を始めた2020年4月は

100人でほとんど野宿系の人でした。2022年8月のいまは580人で、すっかり違う世界になったと感じます。

――困窮者の支援活動に若い世代は登場していますか?

大西 昔ながらの市民活動家は、2000年代の前半くらいまでです。その後はNPOの形式でも社会的起業に近いソーシャルアントレプレナー[*1]みたいな人たちです。フローレンスの駒崎弘樹さんとか、カタリバとかです。その後はさらにビジネス色が濃いソーシャルベンチャー[*2]といわれている人たちが登場しました。政府もREADYFORの米良はるかさんを民間委員にした「新しい資本主義実現会議」などでベンチャーを応援する流れです。

社会課題をビジネスの手法で解決しようと、政府も言い出しています。そんな簡単に解決するなら誰もやってないよ、と思うんですけどね。NPOでやる方が逆に大変だったりするので、燃え尽きて、こういう活動を止める人もいて、ますます空洞化しています。僕自身うまくやれてないけど、もう少し違う回路をつくりたいと考えています。

反貧困系の運動は何十年も顔ぶれが同じ。渡辺寛人(POSSE事務局長)くんとか僕とかは

---

*1 ソーシャルアントレプレナーは、「ソーシャル」(社会の)と「アントレプレナー」(起業家)を組み合わせた言葉で、社会問題を解消できる起業家という意味。

*2 ソーシャルベンチャーは、ビジネスとして社会貢献や社会問題の解決をめざしながら、事業活動から収益を得て持続的に課題解決に取り組むベンチャー企業などを指す。

ずっと最年少の年代です。ただ、ＰＯＳＳＥも「もやい」も僕らより若い人がたくさんいます。ほかの現場も、ボランティアメンバーなど、若い人はいまでもたくさん来ます。彼ら・彼女らを中心にすえていくくらいの「変化」を運動側もしていかなければならないと思います。年齢でいうと、僕は真ん中ぐらい。「もやい」はいい意味で入れ替わっていて、うまく新陳代謝できているのでは、と思います。

――新陳代謝を意識して活動をやると、次につながりそうですね。

瀬戸大作

「反貧困ネットワーク」の看板で困窮者を支援する

法人化で集まった資金をペット可のシェルターなどに活用

リーマン期に貧困問題で最も有名だった反貧困ネットワークという看板をいま一人背負う印象がある。かつて湯浅誠が担っていた反貧困ネットワーク事務局長という肩書きを引き継いだ瀬戸大作。反貧困ネットワークは、リーマン期には文字どおり「ネットワーク」だった。様々な団体が「反貧困フェスタ」や「貧困ジャーナリズム大賞」などのイベントを共同で実施して貧困のありかを訴え、院内集会を企画して政治家たちに問題解決を迫っていく。それが活動の中心だった。

２０２１年に一般社団法人になって法人格を取得した。瀬戸は、専務理事兼事務局長として、この団体がかつてはやってなかった困窮者の直接的な支援活動に飛び回っている。一人ひとりの生活困窮者に対し、支援の手を差し伸ばす。コロナ禍でＳＯＳを送った人に会うため、車を飛ばして首都圏のあちこちに出かけて宿泊費や食費のための当座の現金を渡す姿が報道されている。法人化したことで年間2億円を超える寄付金が集まり、それを活用して困窮者に対する緊急用の住まい、シェルターも25部屋を運営するようになった。

コロナ禍で在留資格を持たずに入国管理局から仮放免になった状態の外国人からの相談も増加している。2022年の夏、反貧困ネットワークはワーカーズコープ東京事業本部やしんじゅく若者サポートステーションなどが入るビルに新たに「サポートセンター」を開設。困窮者への「支援」に軸足を移した。

24時間対応する殺人的なスケジュールをこなす瀬戸が中心になって支援が回っている。インタビュー中も、瀬戸の携帯に、当事者から電話がひっきりなしにかかってきた。この日も、DVの夫から逃れたいと1歳と4歳の子を連れて多摩地域で車中泊する女性からSOSが届いた。瀬戸がスタッフとシェルター探しをする会話を聞いていると、24歳、28歳などの年齢の女性たちが頻繁に登場する。活動を手伝うスタッフの中にも、東京駅のそばで3年半、ホームレス生活を続けていた29歳の女性がいた。精神疾患が理由で退職を余儀なくされたのに、実家の親は何かというと暴力をふるうので頼ることができない。野宿しながらインターネットを通じて、他人のスケジュール管理をするバイトを見つけて小銭を稼ぎ、食いつないだという。そんな人たちが「最後の砦」反貧困ネットに助けを求める。リーマン期とは違う、新たな貧困と日々格闘している。

●派遣村の頃とまったく様相が違う貧困の構図

――瀬戸さんが「反貧困ネットワーク」に関わるようになったのは？

瀬戸　反貧困ネットとの関わりは２０１３年からです。湯浅誠さんが事務局長を辞めたあと事務局長不在が続いていました。古参メンバーから団体をなんとか残してほしいと頼まれて２０１９年から事務局長を引き継ぎました。当時は延命のためにやる感じがしていました。

もともと僕は２０１６年以降、原発事故被害者の支援活動に力を入れていました。２０２０年、コロナ禍で仕事を失う人が大量に出て、「つくろい東京ファンド」の稲葉剛さんに相談しました。反貧困ネットの「ささえあい基金」を使って困窮者への「駆けつけ支援」を広げました。

コロナの長期化で支援要請が爆発的に増加し、当初はボランティアスタッフで対応していましたが、交通費も出せず、ボランティアで対応できる範囲を超えてしまいました。２０２１年4月に法人化をしました。駆けつけ支援では、当事者は20代、30代が6割を占め、派遣村の頃とは様相がまったく違います。女性の比率も全体の4分の1、特に非正規の人たちが深刻です。ここを手伝う女性にも少し前までそうした当事者だった人もいます。

●3年半ホームレス生活をした20代の女性

――さきほど顔を出した女性ですか？

瀬戸　彼女は29歳。出会ったとき所持金1円でした。２０２０年秋、東京駅の前でホームレスをしていました。テレビの制作会社に勤めていて精神疾患で働けなくなり、そこから3年半、野宿です。ネットでゲームする人のスケジュールを管理するバイトで小銭を稼いでいました。実家では父親に殴られるため、とても頼れない。彼女のように虐待などでひどいケースが目立ちます。

——反貧困ネットが外国人支援にも力を入れていることに驚きました。

瀬戸　これまで、反貧困の支援の大きな流れに外国人への支援はありませんでした。コロナ禍で仮放免という外国人が入国管理局からたくさん出されて、生存権保障の最低ラインとして、反貧困ネットの駆けつけ支援で外国人支援を柱の一つに位置づけました。稲葉さんたちが先行してシェルターをやっていて、家を失う人がこれだけ出たので、僕たちもシェルター事業に乗り出しました。

外国人だと、シェルターは一部屋で年間120万〜130万円かかります。とりあえずいま住むところがあるなら、そこで我慢してほしいと伝えながら、シェルターの外でも一時的な生活費や光熱費、家賃の支援なども必要な人たちが20〜30人ほど常にいる状態です。

——シェルターに滞在の期限はあるのですか？

瀬戸　基本契約は3か月です。更新は2回までが原則。でも外国人を一度受け入れると、生活保護も受けられずに1年以上とか、ずっと面倒を見るケースもあります。食費、医療費など、換算すると1人当たり年間で130万〜150万円ぐらいの生活居住費をこちらが丸抱えすることになります。いま8世帯います。支援に終わりが見えません。このほかに、日本の人たちも十何人かいます。

半分の人は3か月では出られません。困難性が高い人が多いためです。TENOHASIの調査でも、ホームレスの相当な割合に何らかの精神的困難などがあるということです。そんな人たちがあちこちグルグルと回っています。このシェルターに3か月、他で3か月、また他でと。玉突き状態です。

反貧困ネットでは、シェルターを合計で28部屋、運営しています。ペット可の部屋が6部屋あります。ペットに対応するシェルターは、東京で一番多く、外国人も大丈夫なのが僕らのシェルターの特徴です。

僕らは「とにかく断らない」方針です。若者、女性、外国人からSOSが来ていて、本当に深刻です。コロナ禍が背景の貧困問題というより、いろんな問題が噴き出して、福祉行政として対応できていない面があります。だから人々が民間の我々に支援を求める。コロナ前から問題があったのが、最後にダメを押された状態です。コロナが終われば元に戻るかというと、戻らないでしょう。

●あちこちの団体と困窮者をつなぐ役割、直接的に支援する役割も

——当事者に対して、生活保護の申請同行もしているんですか?

瀬戸　東京の支援団体では一番多くの福祉事務所で同行しています。各自治体の福祉事務所ごとの対応格差をよく知っています。「つくろい東京ファンド」は中野区などのエリア。TENOHASIは豊島区エリア。全体をカバーするのが反貧困ネットです。埼玉なら藤田孝典さんの「ほっとプラス」と一緒にやっています。群馬ならこの人と、関東は栃木を除いて全部対応します。あちこちからSOSがくるので、地域の支援者とつなぐ事務局になっています。ネットワ

ークの力で対応しています。

――報道では瀬戸さんだけが一人目立っていますが、他の人も同行などをするのですか？

瀬戸　男性と、もう一人本業は保健師という女性スタッフがいて、面接相談やっていました。

――今日もそうですが、瀬戸さんの携帯には途切れることなく電話が来るんですね？

瀬戸　大体いつもこんな感じです。一昨日も4人連続ここで相談受けて、4人とも女性でした。

――さきほどは多摩地域の子連れの女性から連絡がありましたね。

瀬戸　同行支援のときは僕らも経験的にどの地域の福祉事務所がどんな姿勢なのか。このパターンの場合はどこの地域でどう対応すればいいのかを考えます。生活保護は全国一律で扱うべき制度なんですが、実際には福祉事務所ごとに対応の格差があります。

　さきほども練馬のシェアハウス型のシェルターから、当事者を引き受けられないので、僕のところで引き受けてほしいと要請がありました。僕は対応するという方針を決めて、後は支援スタッフがシェルター入所の段取りなどを進めます。入居者が入れ替わると、掃除も必要です。役所からシェルターの入居者と連絡がとれないと通報があると、訪問して実態を把握します。

　申請同行では、生活保護の利用での水際作戦にも注意しますが、利用できる場合でも福祉事務所が、貧困ビジネスの施設、特に一部屋に何人も押し込むような施設に精神的に困難な人を強引に入れる場合もあり、注意が必要です。僕は1週間で10人まで同行支援の予定を入れます。

――申請同行とシェルターの仕事はどう分担しているのでしょうか？

瀬戸　シェルターの仕事はみんなで分担します。僕の役割は方針を立てることと当事者と面談をすることです。今日もこれから一人と面談して、方向性を決めます。もし申請に同行が必要だとなると同行し、施設でなくアパートに入居して生活保護を利用できるよう進めていきます。例えば、さっきの女性のように精神疾患などで困難性が高い場合、必ず専門のクリニックの診断を受けたり、訪問看護をお願いしたりします。そうしたときに、女性スタッフの保健師が寄り添うかたちにします。予定は頻繁に変わるので、毎日のように打ち合わせをしています。

――貧困問題についてメディアの報道姿勢をどう思いますか？

瀬戸　所持金が100円の状態で駆けこんでも行政が対応してくれないとか、追い返されたとか、そういう相談はいまも多くあります。本人に合わない無料低額宿泊所などに入れられて、結局、逃げてしまうケースも後を絶ちません。そういうずさんな福祉行政の実態をしっかり報道してほしいですね。居住の貧困でも、20代、30代の若い人がなぜこれだけ路上に出てしまうのか、政策の欠陥はどこにあるのか。なぜ非正規の仕事、派遣の仕事しかなく、生活保護を受けた後も当事者は再び非正規、派遣の仕事に戻るのか。貧困の構造的問題を深掘りしてほしいけど、やってくれません。

●労働団体との連携をもっと日常的に進めたい

――POSSEでは若い活動家が育っていると話していますが、反貧困ネットではどうですか？

瀬戸　反貧困ネットは困窮者へのベタベタな支援の歴史がまだ浅く、そこは不十分です。派遣村のときとの大きな違いは、労働運動と困窮者支援運動との連携が切れていること。2021年末に、反貧困ネットとしてやった新宿区大久保公園での「コロナ被害相談村」などの年越し支援は、僕は継続したいと思っています。年越しの支援はシンボル的に労組と一緒にやっていますが、日常的に一緒にやる関係まではつくれていないので、やらなきゃいけないと思います。

——「大人食堂」などのとき、労働組合は出てこないのですか？

瀬戸　あんまりいません。いないというか、枠に入れていません。労働との関係でいうと、労働組合で対応できるのは雇用先との金銭解決、首切り、雇い止めなどの労働問題です。大人食堂で食料の列に並ぶ人からも、組合をつくって、会社を訴えたいという相談はほとんどありません。むしろ、何か仕事ありませんかという相談になります。仕事を失った人たちがこれだけいるのに、労働相談をしても仕事をつくれません。どう仕事をつくるのか。その領域をこれからやりたいと思っています。

——深刻な相談が、メールでも来るんですか？

瀬戸　はい。一部だけ見せると、この女性はシャブ（覚醒剤）です。うちに来ました。この人も女性です。女性多いでしょ。この方は精神的な問題があって、言ってることが少しわかんないけど、精神保健福祉の範囲内で支援をしています。

電話で相談が来ることもあります。20代、30代の女性がいま、多いです。電話番号を持っていなかったり、つながらない人も少なくありません。どんどん深刻になっていて、福祉事務所も対応してくれないような面倒なケースもあります。刑務所から出たとか、そのまま社会にすぐ受け入れてもらえない人、シャブの売人、支援が困難な人、いっぱいいます。

●メールやSNSで連絡が来て、会いにいくと女の子がちょこんと座っている

瀬戸　もう何百人もの女性の支援をしましたが、所持金が100円しかない、もう死ぬしかないと言うので公園に行くと、20代の女性が座っている。自殺するケースもあると経験上わかりますから、明日どっかの場所に来てくださいとは言えません。メール見れば、大体ピンときます。

一人ひとり事情が違うので支援のやり方も違います。当事者と一緒に警察に行く、裁判を傍聴する、精神科病院に行く。そんな毎日です。例えば、蒲田で所持金100円しかないという人なら、電車でこの事務所には来てとは言えません。僕らが会いにいくしかありません。実際に会うと、3週間前までアパートに住んでいた女性が、スーツケース持って、ちょこんと座ってる。いろんなところにそういう若い人が隠れるようにしているんです。それでも、彼女たちは炊き出し、食料配布には並びません。見られちゃうから。こういう地下組織みたいなところに連絡して来るんです。

――地下組織みたいになってるわけですね（笑）。

瀬戸　若者たちがネット社会でギリギリ生きるなかでの「最後の砦」になっている。ネット社会化で、20年前とは置かれている環境が変化したことを感じます。

――メディアなどの環境が大きく変化したという意味ですか？

瀬戸　若者はテレビを見ていません。持ってないんです。さっきの彼女が言ってたネットで小金稼ぎなんて、僕にはついていけない世界です。若者世代はYouTubeやTiktokでの

報道というか、動画サイトを見ています。それによってめちゃくちゃ知っています。

――一方で政治や社会を変えようという動きにはならない？

瀬戸　若者と話してもデモとか信じていません。自分たちが貧困に置かれる状況を、政府に対しておかしい、と言うべきなのに。欧米では若い人がストライキやデモをします。でも、日本では違います。

ただ、経済的貧困でもなんとか生きていく術を持っています。夜回りして野宿者に声をかける支援活動は、若者の世界にはリアルに存在しません。リアルな最前線は、当事者を仲間に入れないとわからないのです。彼らが話す言葉の意味もわからない。だから、若い当事者を運動に入れていきたいと思っています。

●当事者を仲間にすることでわかる、いまの貧困のリアル

――若者を入れていく運動の構想があるのですか？

瀬戸　接点を持って、彼女ら自身がどういう居場所をつくればいいのか、議論をすれば、違う空間ができるかもしれません。

さきほどの彼女が言っていましたが、女子会ＬＩＮＥみたいなものがあるといいと。死にたいという気持ちをみんなで受け入れる場所。そんなの、僕らがやっても「生き延びろ」とか、説経じみた言葉にしかならない。でも、そんな言葉では響きません。

――それがいまの貧困の現場のリアリティなんですね。

瀬戸　若者がそういう絶望に陥る姿を容認しながら、会話を続けていく。支援のソーシャルワークとか、別に考えていく必要があります。いままでやってきた結論がこれですよね。

——反貧困ネットでやれそうな範囲が広がっているわけですね。

瀬戸　みんな共同でつくっていく作業をしたい。支援してきた当事者の人たちがあちこちに、この空間にいる。寄ってたかって支援する側に回る。新しい可能性を考えて、当事者自身が仕事をつくる。仕事をオークションするとか、そういう空間を自分たちでつくっていく。搾取されてブラック企業にやられてきたんだから、外国人の人たちも含めて、生きてて良かった、そう思える空間を、自分たちで働く場をつくる。それがいま一番の夢としてやりたいことです。

あとがき

本書は、「貧困研究」や「メディア研究」の研究書としてはこれまでなかったユニークなものになっている。貧困報道に携わる報道人や困窮者支援の活動家など、様々な人たちに貧困報道について新しい示唆を与えうるものになるように心がけた。

本書を出すにあたっては、テレビ放送についての貴重なデータを提供してくださった株式会社エム・データの協力がまずあったことにお礼を申し上げるとともに、研究にあたって同社の上田雅司氏のアドバイスで助けていただいたことに感謝したい。第Ⅰ部は、東京都立大学の阿部彩教授・堀江孝司教授や法政大学の鈴木宗徳教授、日本福祉大学の山田壮志郎教授との共同研究の一環として、法政大学大原社会問題研究所雑誌の特集に掲載した個人論文を加筆修正したものである。同雑誌の編集責任者の藤原千沙教授が筆者に対して丁寧に助言してくださったことが本書出版の心理的な後押しになったことには改めて感謝をお伝えしたい。

第Ⅰ部で、テレビ放送のデータから、貧困報道を振り返る作業は抽出した数字やグラフから、何が読み取ることができるのかを探った。数字だけを眺める作業はけっして楽しいものではなかったものの、貧困をめぐる報道の大きな流れを浮かび上がらせることができた。

第Ⅱ部で、リーマン期とコロナ期で困窮者支援の活動をする支援者や報道者たちに個別に話を聞かせてもらった。かつて筆者が取材者として出会った人たちに、再び直に話を聞く行為は、あたかもタイムマシンに乗って時間を遡って再会したような不思議な感覚を覚える営みだった。

リーマン期と同じ問題意識で支援活動に取り組む人、問題意識を大きく変えて別なかたちで活動する人など、個々の貧困問題への向き合い方を垣間見ることができた。それぞれの人たちの人生模様、生き様に触れることができた。貧困状態にある人たちを支援する人たちや報道する人たちの最前線の話を聞く時間は、貧困の支援活動や貧困報道の歴史そのものに触れている実感があり、とても刺激的なひとときだった。困窮者支援や貧困報道で輝く人たち。すべて筆者が尊敬の念を抱いている人たちだが、その人なりの生き方で「貧困」といまも向き合っていた。それぞれの人生が「貧困」という言葉を結節点としてつながっている。それらの人たち自身の問題意識を記録した本書には、貧困・困窮をめぐる支援活動や報道の歴史の貴重な断面が記録されている。

筆者が「貧困」の報道にかかわるようになった原点は生活保護である。その生活保護をめぐる政策はリーマン期を経て、報道も関与するかたちで大きくゆらいだ。その結果として自民党政権下で国が強引に押し進めた生活保護基準の削減は、全国各地で取り消しを求める裁判が起こされ、2022年末の段階で東京地裁など4つの裁判所で「違法」が認定されている。今後は上級審で争われることになるが、その最終的な結果がどうあれ、当時の国の政策が憲法を具体化した生活保護法の趣旨を逸脱していたという歴史的な評価は定まりつつある。そうした誤った政策をテレビ報道が後押ししてしまったことを、貧困報道の「負の歴史」として刻む必要がある。支援者たちが口を揃えるのが、リーマン期とコロナ期の相談者の大きな違いは生活保護に対する強烈な忌避感だ。2012年の生活保護バッシング報道とその後に続いた生活保護バッシング政策ともいえる基準引き下げや法改正が大きな影を落としている。「健康で文化的な最低限度の生活」を支えるお金が引き下げられたことで生活保護受給者など多くの人が味わった苦汁や辛酸の責任は、政治や行政ばかりでなく、メディアにもある。

2022年秋以降、物価高が人々の生活をじわじわと圧迫し始めている。毎週土曜日、東京・新宿の東京都庁下で行なわれる食料配付をもらう人たちの列はついに630人を超えた。新型コロナウイルスは第8波に事実上入っている。長引くコロナ禍とウクライナ危機に端を発するエネルギーや食料品価格の高騰、対応できない政府の無策も重なって「貧困」はいま、かつてない局面を迎えつつある。そのなかに生きる人々の人生は、どこまでどのように報道されているのだろうか。

本書は貧困報道のプレーヤーでもあった著者が、研究者として自分が関わった仕事も含めて振り返った。それゆえ、テレビの貧困報道の歴史であり、貧困の支援活動の歴史でもあり、そして個人の歴史も重なっている。読者には、そうした歴史のリアルな息吹きを感じてもらい、これから貧困の支援活動や貧困報道を担うような人たちが出てきてほしいと、切に願っている。

最後に、本書の出版にあたって早い段階から相談にのっていただき、編集業務を担当してくださった久保企画編集室の久保則之氏、そして本書を世に出すにあたって出版社として引き受けてくださった同時代社の川上隆氏に深い感謝をお伝えしたい。お二人との幸運な出会いがあってこの時代に本書をなんとか世に出すことができた。

２０２３年１月

水島　宏明

水島 宏明（みずしま ひろあき）

1957年、北海道生まれ。東京大学法学部卒業。

札幌テレビでニュース取材やドキュメンタリー番組の制作に携わる。日本テレビ系列（ＮＮＮ）のロンドン特派員、ベルリン支局長を経て、2003年、日本テレビに転籍。「ＮＮＮドキュメント」ディレクター兼「ズームイン！ SUPER」解説キャスターを兼務し、「ネットカフェ難民」の名付け親として貧困問題などの報道に従事する。2007年度芸術選奨文部科学大臣賞受賞。

2012年から法政大学社会学部メディア社会学科教授。

2016年から上智大学文学部新聞学科教授。テレビ報道を中心に発信している。

単著に『母さんが死んだ―しあわせ幻想の時代に』（ひとなる書房）、『ネットカフェ難民と貧困ニッポン』（日本テレビ）、『内側から見たテレビ―やらせ・捏造・情報操作の構造』（朝日新書）、共著に金平茂紀・永田浩三らと出した『テレビはなぜおかしくなったのか』（高文研）、ゼミの教え子たちの取材記録をまとめた『想像力欠如社会』（弘文堂）などがある。

メディアは「貧困」をどう伝えたか
――現場からの証言：年越し派遣村からコロナショックまで

2023年２月15日　　初版第１刷発行

著　者　　水島宏明
発行者　　川上　隆
発行所　　株式会社同時代社
〒101-0065　東京都千代田区西神田 2-7-6
電話　03(3261)3149　FAX 03(3261)3237

制　作　　久保企画編集室
組　版　　アテネ社
装　幀　　クリエィティブ・コンセプト
印　刷　　中央精版印刷株式会社

ISBN978-4-88683-938-1